Berndt Marmulla **Der Kinderwagen-Brandstifter**

Aus Gründen des Persönlichkeitsschutzes wurden alle Namen von Tätern und Opfern sowie Tatorte verfremdet. Namensgleichheiten sind dem Zufall zuzuschreiben.

Berndt Marmulla

Der Kinderwagen-Brandstifter

und vier weitere Verbrechen

Bild und Heimat

Bildnachweis

BArch Bild 183-33244-0001 / Zimmermann: S. 103 u.; BArch Bild 183-C1120-0007-003 / Friedrich Gahlbeck: S. 110 o.; BArch Bild 183-54783-0005 / Baier: S. 110 u.

Alle anderen Abbildungen stammen aus dem Privatarchiv des Autors. Leider konnten nicht in allen Fällen die Rechteinhaber ermittelt werden. Berechtigte Ansprüche bleiben gewahrt.

ISBN 978-3-95958-207-0

1. Auflage dieser Ausgabe
© 2019 by BEBUG mbH / Bild und Heimat, Berlin
Umschlaggestaltung: capa
Umschlagabbildung: Chris Keller / bobsairport
Druck und Bindung: CPI Moravia Books s. r. o.
In Kooperation mit der SUPERillu

www.superillu-shop.de

Inhalt

Der Kinderwagen-Brandstifter

Es war noch hell draußen, als Werner Kaiser sich von zu Hause auf den Weg zur Gaststätte im Zentrum Pankows machte. Der Arbeitstag war wieder einmal anstrengend gewesen, und Werner Kaiser wollte noch ein Bier in »Zum Eck« in der Hadlichstraße zu sich nehmen. Andernfalls würde er wieder mit seiner Frau Gertrud daheim auf dem Sofa einnicken. Er mochte es im »Eck«, und wenn der Wirt Dieter gut gelaunt war, konnte man durchaus auch mal ein paar Worte mit ihm wechseln. Gertrud war ihm selten eine Abwechslung mit ihren Berichten aus der Bäckerei. Dieter hingegen konnte kurze, knackige Geschichten aus seinem Leben hinter dem Tresen erzählen, die Werner Kaiser von seinem eintönigen Alltag ablenkten.

Auf der Straße wehte ein lauer frühsommerlicher Wind durch die Bäume, die gegenüber seinem Wohnhaus in der Vesaliusstraße standen. Er mochte die Bäume, die in einer kleinen Anlage gepflanzt waren. Er konnte sich noch daran erinnern, wie klein sie damals waren, vor 20 Jahren, als er mit Gertrud in diesen Teil Pankows zog. Inzwischen kannte er die Gegend wie seine Westentasche, Hinterhöfe noch und nöcher gab es hier. Insbesondere in der Damerowstraße eröffnete sich der so typische Blick auf weitere Höfe, sobald man den Innenhof eines an der Straße liegenden Wohnhauses betreten hatte. Teilweise konnte man nicht einmal mehr die Straße durch die Tore sehen, wenn man sich über den einen Hinterhof zum nächsten bewegt hatte. Zusätzlich zu den Höfen gab es auch Gärten, Spielplätze und kleine Lauben, die immer wieder auf den Höfen auftauchten. Im

Winter musste man sich hier mit den dicken, schlammigen Reifenspuren der Kleinlaster abmühen, die die Kohle in die Hinterhäuser brachten.

Eigentlich war es doch auch noch nicht allzu lange her, dass die Kohle mit Pferdefuhrwerken gebracht wurde. Doch der Wandel ließ sich schlicht und ergreifend nicht aufhalten. So fand sich Werner Kaiser in einer Realität wieder, die er bei bestem Willen nicht hätte vorhersehen können. Immer mehr Autos fuhren auf Ostberlins Straßen, und dementsprechend war es auch lauter in der Stadt geworden. So war es nur gut, dass er mit Gertrud ein bisschen aus dem Zentrum Pankows in Richtung Heinersdorf gezogen war. Hier war es ruhiger, hier fuhren nur die Leute mit ihrem Auto, die auch tatsächlich etwas in dieser Ecke Pankows zu bestellen hatten. Und eigentlich lebten hier sowieso nur wenige, die bereits an ein Auto gekommen waren.

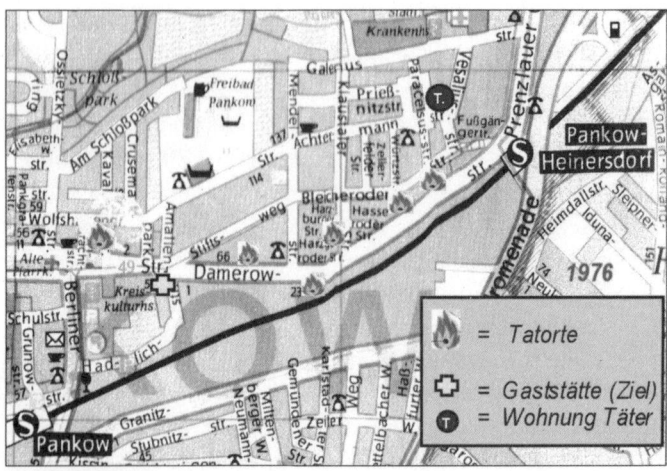

Übersicht Tatorte, Wohnort des Täters

Vorbei an der kleinen Grünanlage lief er die Damerowstraße entlang, die genau auf die Hadlichstraße führte. Ab und zu hörte er aus den Hinterhöfen Stimmen von Kindern, die sich anscheinend bei irgendeinem Ballspiel vergnügten und bald von ihren Eltern ins Haus gerufen werden würden. Es war immerhin halb acht, der Sandmann war schon lange vorbei, und Werner Kaiser wunderte sich, dass die Eltern ihre Kinder überhaupt noch draußen spielen ließen. Man wusste schließlich nie, welche zwielichtigen Gestalten sich an so einem lauen Sommerabend auf den Straßen bewegten.

Ein ockerfarbener Trabant stotterte an ihm auf der Straße vorbei. Er sah ihm hinterher und fragte sich, ob auch er einmal solch ein Fahrzeug besitzen würde. Gertrud drängte ihn immer wieder, sich endlich auch darum zu bemühen, doch er zögerte. Schließlich verdienten sie beide nicht viel. Ausreichend schon und immerhin genug für ihren alljährlichen Sommerurlaub an der Müritz. Aber für ein Auto war das bei weitem nicht genug. Der Gedanke an den Sommerurlaub ließ ihn ein wenig aufatmen. In gut zwei Monaten würden sie wieder aufbrechen. Ein bisschen Ruderboot fahren, in der Hollywoodschaukel sitzen und der eine oder andere Spaziergang mit Gertrud an den Seen entlang. Das wirkte eigentlich vielversprechend, und er kam nicht umhin, ein wenig zu lächeln. Endlich mal raus aus Berlin, um wieder ein bisschen frische Luft zu schnappen und die Seele baumeln zu lassen. Das tat er eh viel zu selten. Voller Vorfreude beschleunigte er seinen Schritt. Meist kaufte er noch eine Flasche Schnaps bei Dieter, um auch zu Hause noch einen vor dem Schlafengehen trinken zu können. Vielleicht trank Gertrud ja heute auch mal einen mit ihm, er würde auch sicher keinen »Blauen Würger« kaufen. Heute war ein guter Tag, und ihm war sogar ein wenig zum Feiern zumute.

In seiner Freude ließ er seinen Blick aufmerksam hin und her wandern. Auf einem auf der linken Straßenseite gelegenen Hinterhof erblickte er dabei etwas sehr Interessantes. Ein kurzer Stoß Adrenalin durchfuhr ihn, er konnte seinen Augen kaum trauen. Konnte dieser Abend überhaupt noch besser werden? Vor der Haustür im zweiten Hinterhof stand mutterseelenallein ein heller Kinderwagen. Ganz fahrig strich sich Werner Kaiser durch die langen Haare und machte sich schnell davon, weiter in Richtung »Zum Eck«. Seine linke Hand ruhte dabei in der Tasche seiner hellen Sommerjacke und spielte mit einem Feuerzeug, das immer wieder gegen einen kleinen Behälter Feuerzeugbenzin stieß. Jetzt hatte Werner Kaiser es besonders eilig.

Volkspolizeiinspektion Berlin-Pankow

Die S-Bahn, die gerade den Bahnhof in Richtung Heinersdorf verließ, wirkte heute besonders schwerfällig, dachte sich Oberleutnant Bernhard Greifenberg, als er aus seinem Wohnhaus trat. Es war ein glücklicher Umstand, dass er nur die Treppen hinuntergehen und einmal die Berliner Straße überqueren musste, um zu seinem Arbeitsplatz zu gelangen. Gerade hatte Greifenberg noch eine Tasse Kaffee und ein kleines Frühstück mit seiner Frau zu sich genommen und aus dem Küchenfenster seine Wohngegend in Pankow gemustert. Alles schien ganz gemächlich vonstatten zu gehen, und er war frohen Mutes, dass heute in der Besprechung der Arbeits- und Kommissariatsleiter nichts Neues anfallen würde. Dann könnte er endlich einmal den Berg an Akten bearbeiten, der schon seit einigen Tagen die Arbeitsfläche auf seinem Tisch immer kleiner werden ließ.

Punkt 7.29 Uhr betrat der Oberleutnant die Polizeiinspektion und spurtete die Treppen hoch in die vierte Etage – der Leiter Kriminalpolizei mochte keine Verspätungen. Greifenberg grüßte freundlich die Anwesenden im Besprechungsraum:

»Guten Morgen, Genossen!«

Major Graulich entgegnete etwas grimmig:

»Guten Morgen miteinander. Es ist 7.30 Uhr, verehrte Genossen, und ich stelle fest, dass wir vollständig sind und mit der Besprechung beginnen können.«

Greifenberg schob sich einen Stuhl zurecht und setzte sich zwischen Schneider vom Kommissariat V (Fahndung) und Gronowski von der Arbeitsgruppe »Bekannte Täter« (Kommissariat III). Er arbeitete eng mit Gronowski zusammen, denn Greifenbergs Arbeitsgruppe »Schwere Straftaten« war immer auch auf Hinweise von Gronowski angewiesen. Manchmal ließen sich Straftaten ganz leicht mit einem Blick ins Register bekannter Straftäter klären.

VP-Inspektion Berlin-Pankow (1976)

»Morgen, Gronowski, du siehst ja heute mal wieder besonders ausgeschlafen aus. Warst du gestern wieder ein bisschen zu lange im ›Kissingeneck‹?«, fragte Greifenberg grinsend seinen schläfrig dreinblickenden Kollegen.

»Na, du weißt doch, wie das ist, Bernhard, da gehste nur mal schnell nach Feierabend zu Heinz an den Tresen, und kaum guckste auf die Uhr, isses schon wieder zwölfe. Werde mir gleich nen starken Kaffee kochen lassen, und dann geht das.«

»Genossen!«

Major Graulich riss die Aufmerksamkeit an sich und unterbrach Greifenbergs und Gronowskis kleine Morgenunterhaltung:

»Kommen wir doch direkt zum Kern meiner Besorgnis. Gestern Abend gab es bereits den dritten Kinderwagenbrand in einem Hinterhof der Damerowstraße, diesmal auf Höhe der Klausthaler Straße.«

»Ist jemand zu Schaden gekommen?«, fragte Greifenberg sachlich.

»Nein, auch diesmal nur erheblicher Sachschaden. Das Tor zum dritten Hinterhof ist vollständig von Ruß bedeckt, und die Tür zum Nebeneingang ist ausgebrannt. Die Mieter des Hauses und der Umgebung sind sehr besorgt.« Graulich blickte ernst in die Runde und fuhr fort:

»Langsam müssen wir Fortschritte machen, das wird schon jetzt zu heiß! Ihr Zuständigkeitsbereich, Oberleutnant Greifenberg, was schlagen Sie vor?«

Greifenbergs soeben noch gehegte Hoffnung, die alten Akten endlich beiseiteschieben zu können, zerschlugen sich mit Graulichs Frage. Also doch etwas Neues, um das er sich intensiver kümmern muss. Er blickte in die Runde der Kollegen und sagte:

»Ja, das nimmt leider gefährliche Ausmaße an. Gronowski, wie siehts denn bei euch aus, haben die Überprüfungen bekannter Täter schon etwas ergeben?«

Es dauerte eine Zeitlang, bis Gronowski reagierte. Graulich richtete einen kritischen Blick auf ihn, der den Angesprochenen offenbar aus seinen Tagträumen holte:

»Na, wir haben sämtliche bekannte Täter, die zurzeit bei uns in Bearbeitung sind überprüft – auch die in Untersuchungshaft befindlichen. Alle haben hieb- und stichfeste Alibis, selbst die ABVs können einige Alibis bestätigen, aber bisher keine Hinweise geben.«

ABVs, so nannte man abkürzend die Abschnittsbevollmächtigten der Volkspolizei.

»Offenbar handelt es sich also um einen noch nicht bei uns erfassten Täter«, schlussfolgerte Greifenberg aus Gronowskis Satz nachdenklich und fuhr fort:

»Ich habe doch gerade zwei besonders pfiffige Studenten von der Kriminalistik der HU als Praktikanten bei mir. Ich werde sie zusammen mit Kriminalist Gehrke aus meiner Arbeitsgruppe in den Tatortbereich zur nochmaligen Ermittlung eventueller Zeugen schicken.«

»Immer den Nachwuchs im Blick, was, Greifenberg? Einverstanden. Setzen Sie die Jungs ran, und dann wissen wir hoffentlich morgen schon was Neues. Die Streifen werden natürlich auch informiert«, antwortete Major Graulich. »Gibt's sonst noch was Neues, Genossen?«

Einstimmiges Kopfschütteln ging durch die Runde, und der Leiter Kriminalpolizei reagierte entsprechend: »Na dann, ab an die Arbeit!«

Greifenberg erhob sich von seinem Stuhl, dankte Gronowski und ging in sein Büro. Dort angekommen, rief er seine Kollegen Charlie Braun, Freddy Gehrke sowie die beiden Studenten Müller und Heinrich zu sich. Greifenberg schätzte vor allem Charlie Braun. Sehr viele Jahre hatten sie nun schon zusammengearbeitet und waren gut aufeinander abgestimmt. Aber ebenso wie Gronowski war auch Braun manchmal etwas leichtfertig. Hin und wieder musste Greifenberg Charlie motivieren und ihn an seine Tugenden erinnern. Aber alles in allem war er ein dufter Typ. Gerade bei der Vernehmung von Zeugen oder Tatverdächtigen verstanden sie sich hervorragend.

Freddy Gehrke war ebenfalls ein richtiger Profi, äußerst wortkarg, aber effizient. Jedes Wort, das er aussprach, hatte Hand und Fuß, und im Außeneinsatz war er eine Wucht. Freddy war vor einem Jahr in Greifenbergs Arbeitsgruppe »Schwere Straftaten« gekommen und hatte sich schnell den Ruf eines richtigen Spürhunds erarbeitet, allerdings war er oft etwas launisch, so dass ihm die meisten eher aus dem Weg gingen.

Die Studenten waren für drei Monate Teil der Arbeitsgruppe, um praktische Erfahrungen sammeln zu können. Die Kooperation mit der Kriminalistik der Humboldt-Universität war fast schon eine Institution geworden. Die Kriminalisten der HU waren einfach sehr gut ausgebildet. Viele Dienststellen in der DDR hofften darauf, Absolventen nach dem Studium bei sich einsetzen zu können. Selbst im Ausland, hörte man über Umwege, beneidete man die Kriminalistik-Ausbildung der altehrwürdigen Humboldt-Uni.

»Na, Männer, habt ihr alle ausgeschlafen? Pankow zeigt sich heute mal wieder von seiner besten Seite«, begrüßte Greifenberg seine Kollegen.

»Ach, Bernhard, jetzt wissen wir doch schon wieder ganz genau, dass es was Neues gibt. Los, raus mit der Sprache«, witzelte Charlie Braun.

»Du kennst mich eben einfach schon viel zu gut, Charlie. Es gab mal wieder einen Brand in der Damerowstraße. Zweiter Hinterhof, erheblicher Sachschaden und natürlich kein gefasster Täter«, erwiderte Greifenberg.

»Wahrscheinlich schon wieder so ein feiger Schweinehund, der sich im Schutz der Dunkelheit am Feuer aufgeilt.

Was machen wir, Chef?«, fragte Freddy mit seiner üblichen Schnoddrigkeit und beteiligte sich so an der morgendlichen AG-internen Runde.

»Sicher hast du recht, meckern bringt uns aber auch nicht weiter. Ich habe vorgeschlagen, dass du, Freddy, mit unseren beiden Jungkriminalisten mal dem engeren und weiteren Bereich des letzten Tatorts einen Besuch abstattest und dass ihr euch bei den Bewohnern genauer umhört«, sagte Greifenberg, während er Müller und Heinrich freundlich zunickte, »und dann werden wir weitersehen. Gronowski überprüft nach wie vor die in Bearbeitung befindlichen Täter und das Kommissariat I seine Informanten.«

»Das geht in Ordnung, Bernhard. Sollte ich sonst noch etwas übernehmen?«, fragte Freddy.

»Ja, eine Sache noch. Konsultiert doch mal die für den Tatortbereich zuständigen Abschnittsbevollmächtigten. Wer weiß, vielleicht ergeben sich aus dieser Richtung noch Hinweise.«

Freddy nickte und zog sich in seine grimmige Gestalt zurück. Er brachte noch ein knappes: »Ihr habt gehört was Sache ist, Müller! Heinrich!«, hervor, warf sich einen beigen Sommermantel über die Schultern und verließ das Büro mit den beiden hinterhereilenden Studenten. Charlie musste kurz auflachen:

»Na, der scheint ja mal wieder mit dem falschen Fuß aufgestanden zu sein. Und womit vergnügen wir uns heute, Bernhard?«

»Kannst du uns vielleicht erst einmal einen Kaffee besorgen? Dann setzen wir uns kurz zusammen und besprechen die bisherigen Ermittlungsergebnisse. Vielleicht haben wir es ja auch mit einer politisch motivierten Tat zu tun«, sagte der Oberleutnant.

»Alles klar. Ich glaube, dass Sigrid gerade welchen aufgesetzt hat. Wie immer mit ein bisschen Kaffeesahne?«

»Wie immer. Danke, Charlie.«

Charlie verließ das Büro, und Greifenberg konnte sich endlich hinter seinen Schreibtisch setzen, die eine oder andere Akte hin- und herschieben und kurz verschnaufen.

Ein erster Verdacht

In der Regel war für Greifenberg der Aufenthalt hinter Papierbergen eine leidige Beschäftigung. Doch was konnte man schon tun, wenn man auch alles bis in das kleinste Detail dokumentieren musste? Schließlich sollten alle Erkenntnisse einmal Beweiskraft haben, da musste man eben akkurat arbeiten. Greifenberg griff nach einer Akte auf dem Stapel, der ihm am nächsten lag. Die Topfpflanze, die dahinter stand, konnte er gerade noch sehen und feststellen, dass er sie wieder einmal gießen müsste. Die Akte behandelte den Fall eines Brandstifters, der bekannt war für seine politisch motivierten Aktionen. Der Brandstifter hegte einen abgrundtiefen Hass gegen die DDR-Staatsideologie und versuchte offenbar, durch die Brandsätze seinen Frust loszuwerden. Momentan saß er nicht hinter Gittern. Greifenberg grübelte. Irgendwie passte der Fall aber nicht zu den Indizien der aktuellen Brände in der Damerowstraße und Umgebung, und Gronowski hatte doch die bekannten Täter überprüfen lassen.

Während Greifenberg noch in sich versunken hinter seinem Schreibtisch saß, betrat Charlie mit zwei dampfenden Tassen Kaffee das Büro.

»Bernhard, hier kommt der Kaffee. Was sagt die Aktenlage?«

»Der kommt genau richtig, Charlie. Danke. Kannst du dich noch an den Fall ›Staatsfeind‹ erinnern?«, fragte Greifenberg im Aufstehen begriffen und nach der Tasse in Charlies linker Hand langend.

»Na klar, das war doch dieser Typ, der möglichst spektakuläre Brände legte. Denkst du, dass er damit was zu tun hat?«

»Ich weiß nicht so recht, schließlich finden die Brände immer in der gleichen, eher abgelegenen Umgebung statt. Hinterhöfe. Hauseingänge. Treppenhäuser. Und dann immer an der Damerow. Was hältst du davon?«

»Meiner Meinung nach sieht das nicht nach einer politisch motivierten Tat aus. Ja, ich denke momentan eher an Sachbeschädigung – oder sexuelle Gründe«, antwortete Charlie zögerlich, nahm einen großen Schluck Kaffee und verschluckte sich.

»Mannomann, Sigrid hat es mal wieder zu gut gemeint mit dem Kaffee, der ist so schwarz wie ihre Seele und so bitter wie ihr Humor.«

Greifenberg lächelte und erwiderte trocken:

»Diesen Spaß bringst du auch alle zwei Wochen, oder, Charlie? Aber du hast recht. Zucker?«

Greifenberg reichte ihm eine aufgerissene Packung Würfelzucker.

»Was den Fall angeht, liegst du wahrscheinlich richtig. Ich hoffe, dass Freddy mit den Jungs was rauskriegt. Es handelt sich ja sehr wahrscheinlich um einen Serientäter. Wenn wir dem nächsten Brand nicht zuvorkommen, wird es wohl im wahrsten Sinne des Wortes ein Brennpunkt, und wir müssen besondere Maßnahmen einleiten. Man kann ja wirklich von Glück sprechen, dass bei den Bränden noch keine Menschen zu Schaden gekommen sind.«

Nach einigen Stunden hatte Greifenberg ein wenig Platz auf seinem Tisch geschaffen. Die Akten waren alle ordentlich sortiert und im Regal verstaut. Greifenberg ging zum Fenster und blickte auf den Hinterhof der Inspektion. In einem der Käfige erblickte er Ali, seinen Lieblingshund. Ali war ein hervorragender Fährtenhund, der schon den einen oder anderen Fall quasi im Alleingang gelöst hatte. Trotz seiner kleinen Macke – der Schäferhund wollte schlicht und einfach keine Hindernisse überspringen – war er schnell und erfolgreich mit seiner Spürnase unterwegs.

Unwillkürlich bemerkte Greifenberg das Knurren seines Magens. Seit dem Frühstück hatte er nichts gegessen. Heute hatte sein Sohn nicht vorbeikommen können, um ihm seine Mittagsstullen zu bringen. Manchmal teilte der Oberleutnant seine Stullen mit Ali, doch heute musste wohl auch der treue Polizeihund leer ausgehen. Greifenberg bewegte sich zur Tür und verließ sein Büro, um Charlie aufzusuchen. Sicher konnte der sich zu einer Bockwurst bei Krause die Straße runter überreden lassen.

Charlie war tief über seinen Schreibtisch gebeugt, wühlte in einem perfekten Papierchaos hin und her, als Greifenberg vor seiner geöffneten Bürotür stehen blieb.

»Na, ob du in dem Durcheinander noch was findest, wage ich ja zu bezweifeln«, lästerte Greifenberg, »hast du schon was zum Mittag gehabt?«

Charlie guckte verdutzt auf und schmunzelte.

»Und du hast wohl deine Manieren verloren. Schon mal was von Klopfen gehört? Gegessen habe ich noch nicht. Krause?«, antwortete Charlie schlagfertig.

»Krause«, bestätigte Greifenberg.

Die beiden gingen schweigsam die Treppen hinunter und traten aus der Inspektion auf den Bürgersteig. Gerade in diesem Augenblick kamen Freddy Gehrke und Student Müller auf sie zu.

»Chef, wir haben was!«, rief Freddy Greifenberg zu.

»Tatsache! Wir wollten gerade was essen gehen, aber erzähl«, sagte Greifenberg ein wenig irritiert.

»Wir haben mit einem der zuständigen ABVs gesprochen, und der hat vor kurzem einen Hinweis aus der Oberschule ›Am Freibad Pankow‹ erhalten. Dort hat man einen 17-Jährigen in letzter Zeit des Öfteren beim Kokeln erwischt. Und er wohnt ganz in der Nähe der letzten Tatorte.«

»Na, wenn das mal nicht zu einfach ist. Aber einen Versuch ist es wert. Weißt du auch, wo der Junge steckt, Freddy?«, merkte Greifenberg skeptisch an.

»Wir haben ihn gleich von der Schule abgeholt. Er zittert wie Espenlaub und sitzt mit Heinrich im Wagen«, sagte Gehrke.

»Mensch, ihr seid ja ein paar tolle Jungs. Was sagst du dazu, Bernhard? Da müssen wir unsere Bockwurst wohl später essen gehen«, schätzte Charlie Braun die Lage nüchtern ein.

»Recht hast du, Charlie. Kommando zurück und auf in mein Büro! Vielleicht hat der Junge ja was zu erzählen. Bringt ihn zu mir, ja Freddy?«, sagte Greifenberg, machte mit Charlie im Schlepptau kehrt und ging die Treppen wieder hoch.

Auf dem Weg ins Büro rannte eine drahtige, grauhaarige Frau fast in sie hinein. Sie war eine energische Erscheinung. Streng frisierte Haare, große aufgeweckte, braune Augen, die schon vielen Verbrechern standgehalten hatten, und ein leichtes, aber aufmerksames Lächeln auf dem Gesicht.

»Ach, Mutter Glawe. Dass wir dir jetzt gerade über den Weg laufen …«, sagte Greifenberg leicht verdutzt.

Charlie Braun schien ebenso überrascht zu sein und sagte respektvoll:

»Was für eine Überraschung. Mir war so, dass Sie schon in Ruhestand gegangen wären, Frau Glawe.«

»Na hör mal, Charlie! Als ob ich mich ohne eine zünftige Feier unter Kollegen aus dem Staub machen würde. Ein halbes Jahr habe ich noch, bis ich bis ans Ende meiner Tage auf dem Balkon lümmeln kann«, sagte sie gespielt empört.

Mutter Glawe war eine Institution in Pankow. Seit Jahrzehnten war sie Teil der Inspektion und arbeitete zu der Zeit im Kommissariat VII für Kinder- und Jugendkriminalität. Die Straftäter, die bei ihr ein- und ausgingen, schätzten sie für ihre faire Art, wussten aber ebenso, dass mit ihr nicht gut Kirschen essen war. Die vielen Jahre bei der Volkspolizei hatten sie so einiges an Menschenkenntnis gelehrt. Mit diesem Wissen im Hinterkopf kam Greifenberg auf eine Idee.

»Sag mal, Mutter Glawe, hast du einen Augenblick Zeit? Wir könnten mal kurz deinen Sachverstand gebrauchen.«

»Wenn es nicht allzu lange dauert. Worum geht es denn?«

»Du hast doch sicher von dieser Brandstiftungsserie in der Damerowstraße gehört. Freddy hat uns gerade einen verdächtigen 17-Jährigen rangeholt, der wohl in der letzten Zeit auffällig oft beim Kokeln erwischt wurde.«

»Das klingt vielversprechend. Reden wir doch mal mit ihm«, sagte Mutter Glawe einwilligend.

Die drei gingen gemeinsam in die vierte Etage. Charlie verabschiedete sich in sein Büro und überließ die Befragung Greifenberg und Mutter Glawe. Greifenberg öffnete die Tür zu seinem Büro und sah einen ängstlich dreinschauenden Jugendlichen auf einem Stuhl vor seinem Schreibtisch sitzen. Freddy Gehrke stand wachsam hinter ihm.

»Ist gut, Freddy. Mutter Glawe und ich machen hier weiter.«

Daraufhin nickte Freddy Greifenberg und der Kollegin zu und verließ das Büro. Greifenberg widmete sich sofort dem Jugendlichen, während sich Mutter Glawe ein wenig im Hintergrund hielt.

»Guten Tag, junger Mann, mein Name ist Oberleutnant Greifenberg, und das ist meine Kollegin Glawe. Wir möchten Ihnen ein paar Fragen stellen. Fangen wir doch erst einmal mit Ihrem Namen an.«

Greifenberg war während seiner Vorstellung freundlich,

aber bestimmt geblieben, und das schien den Jugendlichen ein wenig zu beruhigen. Er war aufmerksam und antwortete schnell.

»Ich heiße Waldemar Patzler.«

»Wohnhaft?«, fragte Greifenberg.

»Würtzstraße 13. Dort wohne ich mit meinem Vater Eberhard und meiner Mutter Brigitte.«

»In Ordnung, Herr Patzler. Uns wurde berichtet, dass Sie in letzter Zeit des Öfteren wegen unsachgemäßen Umgangs mit Feuer aufgefallen sind.«

Waldemar Patzler wirkte nun wiederum ein bisschen eingeschüchtert. Er wusste, dass er wegen seiner Kokeleien hier war, aber fühlte sich zugleich auch ungerecht behandelt. Schließlich wusste er doch von seinen Freunden, dass auch sie ab und zu mit Pappe, Holz, Feuerzeugbenzin und Streichhölzern experimentierten. Er antwortete schüchtern und mit einem geständigen Nicken:

»Ja, Herr Oberleutnant, das ist richtig. Doch es ist nie etwas passiert.«

An dieser Stelle schaltete sich Mutter Glawe seelenruhig in die Unterhaltung ein:

»Warum kokelst du denn, Waldemar?«

»Ich finde es spannend, wie sich das Feuer die Pappe entlang hocharbeitet und sobald die Pappe weg ist einfach stirbt. Wenn ich das mache, bin ich auch immer ganz weit weg von Gebäuden. Ich bin sehr vorsichtig.«

»Das mag schon sein, Waldemar, doch so was kann ganz leicht außer Kontrolle geraten. Hast du gestern Abend denn auch gekokelt?«, fragte Mutter Glawe mit Nachdruck.

»Gestern Abend? Nein«, sagte Waldemar entschieden, »ich war zu Hause und habe nach dem Abendessen mit meinen Eltern Karten gespielt.«

»Haben Sie mitbekommen, dass es gestern Abend gar nicht weit von Ihnen gebrannt hat?«, fragte Greifenberg.

»Hat es wirklich? Ich habe nur kurz die Feuerwehr gehört. Ich war das nicht. Ich war doch zu Hause«, sagte Waldemar Patzler mit Bedauern in den Augen.

»Ja, ein Kinderwagen wurde in einem Hauseingang angezündet.«

»Ein Kinderwagen? Das würde mir doch niemals einfallen.«

Tränen stiegen Waldemar in die Augen. Greifenbergs ohnehin schon nicht sehr große Zuversicht, dass es sich hier um den Täter handeln könnte, war nun verschwindend gering geworden. Er erhob sich und sagte:

»Ich veranlasse mal kurz die Überprüfung. Wie kann ich Ihre Eltern erreichen, Herr Patzler?«

»Mein Vater ist zu Hause, er ist Schichtarbeiter.«

»Kümmern Sie sich noch kurz um den jungen Mann hier, Mutter Glawe?«, sagte Greifenberg und verließ das Büro, ohne eine Antwort abzuwarten. Er ging kopfschüttelnd bei Charlie vorbei und teilte diesem ernüchtert mit:

»Charlie, der Junge hat mit hoher Wahrscheinlichkeit nichts mit den Bränden zu tun. Ich lasse sein Alibi überprüfen. Sein Vater ist wohl zu Hause. Wir können aber schon jetzt davon ausgehen, dass wir weitersuchen müssen.«

»Lass mal, Chef, ich übernehm das schon und schicke jemanden vorbei.«

Greifenberg dankte Charlie für seine sofortige Bereitschaft und ging wieder zurück zu Mutter Glawe und dem Jugendlichen.

Als Greifenberg in den Raum trat, schüttelte Mutter Glawe nur ihr streng frisiertes Haupt. Das war ausreichend. Waldemar Patzler hatte nichts mit den Bränden zu tun. Jener Instinkt Greifenbergs und Mutter Glawes sollte später auch durch die Überprüfung des Alibis bestätigt werden. Bevor der Jugendliche die Inspektion verlassen durfte, ermahnte

Greifenberg ihn jedoch noch einmal eindringlich, die Finger vom Spiel mit dem Feuer zu lassen.

Eine Woche später

Günther Behrens verließ mit einem leeren Eimer seine Wohnung. Grummelnd schlich er die Treppe hinunter und ärgerte sich, dass er noch nach dem Abendessen in den Keller gehen musste, um Kohlen zu holen. Barbara hatte ihn geschickt und ihn von seinem Schreibtisch, der bis auf die letzte Ecke mit Briefmarken bedeckt war, aufgescheucht. Der 73-jährige Rentner ging in den Kohlenkeller, füllte den Eimer randvoll und kämpfte sich die Treppe in den Hausflur hoch. Er entschied sich spontan, noch einmal auf den Hof zu gucken. Frische Luft schnappen, bevor er sich wieder ans Sortieren seiner geliebten Postwertmarken machen konnte. Er stellte den Eimer an der Haustür ab, bemerkte eine unwirkliche Hitze und öffnete die Tür. Er traute seinen Augen nicht. Der Durchgang in den zweiten Hinterhof, in den die Haustür mündete, stand lichterloh in Flammen. Rauch und Hitze schlugen Behrens entgegen, der vor der Feuerwand kehrtmachte und sich zurück ins Treppenhaus flüchtete.

»Feuer, Feuer! Ruft die Feuerwehr!«, rief er so laut er konnte.

Das Feuer hatte inzwischen die Haustür erreicht und in Brand gesetzt. Rauch stieg ins Treppenhaus. Wohnungstüren öffneten sich wegen Behrens' Schrei und schlossen sich sofort wieder beim Anblick des Rauchs. Behrens rettete sich eine weitere Etage nach oben, atmete schwer und klopfte an eine Wohnungstür. Noch einmal rief er:

»Feuer, Feuer. Ruft die Feuerwehr!«

Dicker Rauch stieg weiter nach oben, und Behrens fiel

das Atmen immer schwerer. Er lehnte an einer Wohnungstür und versuchte mit aller Kraft, mit seiner Faust auf sich aufmerksam zu machen. Es klappte. Die Tür öffnete sich, und er fiel rücklings in die Wohnung von Familie Sanowski. Vater Sanowski packte ihn unter den Armen und zog ihn in den Flur. Nun musste es schnell gehen.

Währenddessen hatten sich viele Fenster zum Hof geöffnet. Die Nachbarn starrten entsetzt und erschrocken auf den in Flammen stehenden Durchgang. Das Feuer griff auf die Hauswand über und verdrängte das helle Gelb der Fassade. Viele riefen nach der Feuerwehr, doch letztlich war es ABV Rainer Gerhardt, der ein Telefon in seinem Flur stehen hatte und die Feuerwehr verständigte. Im Nu kamen die Rettungskräfte angerast und machten sich an die Löscharbeiten. Das Feuer konnte schnell unter Kontrolle gebracht werden, da es die Holztreppe erst angefressen hatte und noch nicht weiter nach oben gewandert war. Behrens Eimer stand unberührt, aber schwer verrußt im Hauseingang, als Vater Sanowski die Treppe heruntergerannt kam, um die Rettungskräfte über die Atemnot des Rentners in Kenntnis zu setzen. Behrens hatte eine schwere Rauchvergiftung erlitten und musste sofort ins Krankenhaus.

In die Stille von Oberleutnant Greifenbergs Büro hinein klingelte ein Telefon. Es konnte durchaus manchmal vorkommen, dass der Arbeitsgruppenleiter noch in den späten Abendstunden in seinem Büro saß. Diesmal war er dort allerdings nicht mehr zu erreichen. Wenige Momente, nachdem das Klingeln verklungen war, läutete ein anderes Telefon. Wenige hundert Meter entfernt, auf der gegenüberliegenden Straßenseite in der ersten Etage. Greifenberg ging an den Privatapparat, den er seiner Arbeit verdankte, und meldete sich.

»Guten Abend, Oberleutnant Greifenberg am Apparat.«

»Guten Abend, Genosse Greifenberg, hier ist Schultze vom Kriminaldauerdienst. Es gab wieder einen Brand. Diesmal im Hinterhof der Eintrachtstraße 5. Eine zu Schaden gekommene Person. Ich dachte, ich melde mich direkt bei Ihnen, damit Sie gleich Maßnahmen einleiten können.«

»Ich mache mich auf den Weg zum Tatort und guck mir das mal selber an. Danke, Genosse Schultze! Ruhige Schicht wünsche ich Ihnen, Genosse. Wiederhören!«

Greifenberg legte den Hörer auf und stellte zu seinem Unbehagen fest, dass er nun wohl oder übel noch einmal in die Berliner Nacht aufbrechen musste. Er benachrichtigte noch kurz Freddy Gehrke per Telefon und bat ihn ebenfalls, sich auf den Weg in die Eintrachtstraße zu machen.

Als Greifenberg an der Adresse eintraf, stand der Rauch noch im Hinterhof. Das Feuer war zwar inzwischen gelöscht, doch die Rauchschwaden lösten sich nur langsam vor dem dunklen Nachthimmel auf. Der Hof sah wüst aus, und die Fassade des Hinterhauses hatte schweren Sachschaden erlitten. Auch im Treppenhaus waren schwere Brandschäden vorhanden. Vereinzelt standen noch Nachbarn auf dem Hof herum und guckten den Feuerwehrmännern dabei zu, wie diese ihre Gerätschaften zusammenpackten. Zwei Schläuche wurden aufgerollt, die zu einem Löschfahrzeug führten, welches vor der Einfahrt zum Hinterhof der Eintrachtstraße 5 stand. Greifenberg konnte sich in Ruhe einen Überblick verschaffen, bis er von einem Kollegen aus den Gedanken gerissen wurde. Schutzpolizist Stieber kam zusammen mit einem Kollegen der Feuerwehr auf Greifenberg zu und sprach ihn an.

»Guten Abend, Oberleutnant Greifenberg, hier sieht es ganz schön übel aus, was? Das hier ist Genosse Müller von der Feuerwehr.«

Brandschaden durch Kinderwagen-Brand im Treppenhaus

»Guten Abend. Genosse Müller, haben Sie schon Erkenntnisse zu dem Brand, die für unsere Ermittlungen wichtig sein könnten?«, fragte Greifenberg kurz angebunden.

»So wie es aussieht, gibt es eindeutige Parallelen zu den bisherigen Bränden in dieser Ecke. Da hinten steht das völlig verkohlte Gerippe eines Kinderwagens, den wohl mal wieder jemand vor dem Hauseingang vergessen hat. Der Brand muss sich sehr schnell ausgebreitet haben«, sagte der Feuerwehrmann, der noch leicht außer Atem war.

»Und Sie, Stieber? Haben Sie schon mit ein paar Nachbarn sprechen können?«

Greifenberg war ungeduldig. Irgendwie ging es ihm hier nicht geschäftig genug zu.

»Ja, vereinzelt. Wir sind vor einer Stunde hier eingetroffen und hatten erst einmal damit zu tun, die Anwohner zu beruhigen. Die sind sehr aufgebracht. ABV Gerhardt dort drüben hat die Polizei informiert«, sagte Stieber und zeigte in die Richtung eines älteren Herren, der geduldig auf eine sehr aufgebracht wirkende Person einredete.

»Hat denn irgendjemand etwas gesehen? Und man hat mir gesagt, dass jemand zu Schaden gekommen ist, wer?«, fuhr Greifenberg fort.

»Bisher haben wir noch keine nützlichen Informationen bekommen. Der Zuschadengekommene ist Herr Günther Behrens, 73 Jahre alt. Er hat wohl eine schwere Rauchvergiftung erlitten, aber die Notärzte schienen sehr optimistisch«, teilte Stieber eifrig mit.

»Guten Abend, Chef«, erklang eine Greifenberg wohlbekannte Stimme aus dem Hintergrund. Die drei Männer drehten sich um zur Hofeinfahrt. Freddy Gehrke war gekommen, und Greifenberg entspannte sich ein wenig. Auf Freddy war Verlass.

»'n Abend Freddy, darf ich dir die Genossen Stieber und Müller vorstellen? Lass dich doch kurz in die bisherigen Ermittlungsergebnisse einweisen, und dann fang doch mal an, die Nachbarn zu befragen, die hier noch so rumstehen«, begrüßte Greifenberg seinen Kollegen und ging dann auf ABV Gerhardt zu, der inzwischen allein auf dem Hof stand und Greifenberg erkannte.

»Ach, angenehm, guten Abend, Oberleutnant Greifenberg. Schön, Sie zu sehen. Die Umstände sind sicher nicht die fröhlichsten, aber umso besser, dass Sie hier sind«, plapperte Gerhardt fröhlich drauflos und reichte Greifenberg die Hand.

Greifenberg musste schmunzeln. Mit solch einer Begrüßung hatte er nun überhaupt nicht gerechnet.

»Die Freude ist ganz meinerseits. Hat jemand der Nachbarn Ihnen irgendwelche Beobachtungen mitgeteilt?«, fragte Greifenberg.

»Alles schien tatsächlich komplett ruhig zu sein. Niemand hat irgendjemand Verdächtigen gesehen«, antwortete der ABV nachdenklich.

»Steht das Hoftor immer so offen wie jetzt?«

»Ja, immer sperrangelweit offen.«

»Und in die Richtung«, Greifenberg zeigte durch die Durchfahrt zum zweiten Hinterhof, in der der Brand gelegt wurde, »wie geht es da weiter?«

»Da gibt's einen Zaun und dahinter die Hinterhöfe der Kavalierstraße.«

»Kein Wunder also, dass niemand jemanden gesehen hat. Der Täter kommt von der Eintrachtstraße auf den Hof, geht schnurstracks zum Kinderwagen, zündet ihn an und verschwindet dann über den zweiten Hinterhof«, schlussfolgerte Greifenberg dermaßen schnell, dass Gerhardt ein wenig verblüfft dreinschaute und nur bestätigen konnte:

»So wird's wahrscheinlich gewesen sein.«

Greifenberg ließ den verdutzten Gerhardt stehen und ging durch das Tor auf den zweiten Hinterhof. Er griff in seiner

Jackentasche nach seiner Artas-Stablampe und leuchtete in den dunklen Hinterhof. Hier standen ein paar Schuppen, und tatsächlich gab es links davon einen Zaun. Maschendraht. Etwas machte Greifenberg stutzig.

»Siehst du auch, was ich sehe?«, fragte Freddy Gehrke, der Greifenberg gefolgt war und nun neben ihm stand. Die Blicke der beiden folgten dem Lichtstrahl von Greifenbergs Taschenlampe. Sie hatten beide etwas sehr Interessantes entdeckt.

»Ja, der Zaun ist an einer Stelle ein wenig eingedrückt, so als ob jemand draufgetreten wäre. Schau mal, der Boden ist hier recht erdig. Wenn wir hier nicht irgendeine Spur finden, dann fress ich einen Besen. Ruf mal die Kollegen, die da vorne so untätig rumstehen!«

Freddy Gehrke rief Stieber und seine drei Kollegen zu sich und forderte sie auf, nach Schuhabdrücken zu suchen. Die Anwohner der Eintrachtstraße 5, die noch immer auf dem Hinterhof standen, bekamen nun ein nicht alltägliches Schauspiel zu Gesicht. Fünf Männer bewegten sich gleichmäßig in einer Reihe mit niedergebeugten Köpfen über den Hinterhof und hielten dabei stets den auf und ab wandernden Lichtstrahl mehrerer Taschenlampen im Blick.

»Bitte äußerste Vorsicht walten lassen, Genossen. Nicht, dass mir hier noch einer irgendwelche Schuhspuren zertritt«, mahnte Greifenberg.

Das Schauspiel zog sich eine kleine Weile hin, bis einer der Polizisten mit einem leisen Ausruf das Auffinden einer Spur signalisierte. Die Gruppe näherte sich vorsichtig dem Fund und umringte ihn. Tatsächlich, zwischen einem backsteinernen Schuppen und dem Zaun gab es zwei lehrbuchhafte Schuhabdrücke. Es schien die Sohle eines ganz normalen Straßenschuhs zu sein. Die Stimmung unter den Kollegen verbesserte sich mit einem Schlage merklich. Bisher waren

Freddy G. (l.) und Kriminaltechniker Klaus B. (r.) bei der Sicherung von Schuheindruckspuren am Tatort

Mit Gips am Tatort gesicherte Schuheindruckspur

sämtliche Ermittlungen ins Leere gelaufen, doch nun gab es endlich einen Anhaltspunkt.

»Glückwunsch, Genossen«, sagte Greifenberg zu seinen Kollegen. Auch er war ein wenig erleichtert. Der Spurenfund war ein sehr kleiner Schritt, doch immerhin konnten sie dem Täter nun ein bisschen mehr auf die Pelle rücken. Greifenberg gab weiterführende Anweisungen.

»Freddy, kümmere du dich doch bitte um die Sicherung der Spuren. Stieber, gehen Sie doch bitte mit Ihren Kollegen zu den übrig gebliebenen schaulustigen Nachbarn und schicken Sie sie ins Bett. Hier gibt's nichts mehr zu sehen.«

Die Angesprochenen setzten sich in Bewegung und führten die Anweisungen aus. Die neugierigen Nachbarn gingen ein wenig widerwillig in ihre Wohnungen, aber gaben schließlich auch nach, da es schon spät geworden war. Freddy hatte sich zur Hofeinfahrt begeben und holte einen schwarzen Lederkoffer aus seinem geparkten Trabant. Er hatte alles dabei, was er für die Sicherung der Schuhabdrücke brauchte.

Als er wieder zurückkam, stieß er auf einen gähnenden Greifenberg, der sich den Hinterhof noch einmal genau anguckte.

»Wenigstens haben wir nun etwas«, sagte Freddy zu seinem Vorgesetzten.

»Ja, immerhin. Kommst du hier alleine klar?«, fragte Greifenberg.

Freddy nickte nur und begann die Gipsmasse für die Schuhspuren anzurühren.

»Gut, dann mache ich mich auf den Weg nach Hause.«

Greifenberg nickte Freddy zu, verabschiedete sich von den Schutzpolizisten und verließ den Tatort. Morgen würde es viel zu tun geben.

Bernhard Greifenberg war nach der gestrigen Nachschicht nicht sonderlich ausgeschlafen, als er sein Büro am frühen Morgen noch vor dem Treffen der Arbeits- und Kommissariatsleiter betrat. Der Gedanke an den Papierkram, der ihm bevorstand, ärgerte ihn ein wenig. Gleichzeitig war er aber auch voller Eifer, schließlich musste nun wohlüberlegt gehandelt werden. Es bestand die Gefahr, dass Personen bei weiteren Bränden ernstzunehmende Schäden erleiden würden. Schon jetzt hatten die Brandstiftungen eine gesellschaftsgefährdende Dimension angenommen. Der Brandstifter nahm die Bedrohung menschlichen Lebens anscheinend hemmungslos in Kauf.

Greifenberg hatte sich quasi schon in der Nacht zuvor am Tatort darauf eingestellt, dass er heute einen Brennpunktbefehl ausarbeiten müsste, der besondere Maßnahmen wegen der zunehmenden Bedrohung rechtfertigen

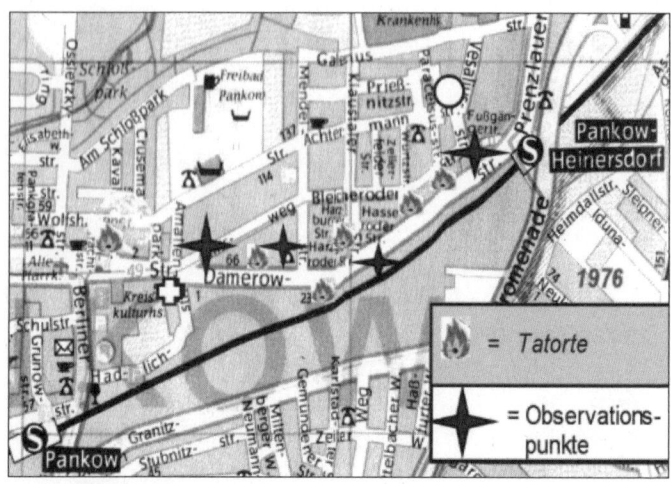

Karte mit Observationspunkten

würde. In Gedanken war er durchgegangen, was unerlässlich ist, um die Ermittlungen möglichst schnell zum Erfolg zu bringen. In erster Linie waren Observationen dringend notwendig. Der Täter durfte sich nicht weiter in Sicherheit wähnen und unbeobachtet zum Zuge kommen können. Greifenberg würde dem Brennpunktbefehl einen Observationsplan hinzufügen. Er saß seinen Kopf mit den Fäusten stützend an seinem Schreibtisch und überlegte, welche Observationspunkte wohl am klügsten wären. Er zog eine Karte von Pankow aus einem Schubfach und setzte nach reiflicher Überlegung vier rote Kreuze. Die Genossen würden ihre Positionen jeweils in den Wohnungen von Freiwilligen Helfern an den Ecken Stiftsweg/Damerowstraße, Mendelstraße/Damerowstraße, zwischen S-Bahn-Trasse und Damerow- auf Höhe der Klausthaler Straße und an der Ecke Vesaliusstraße/Bleicheroder Straße einnehmen. So gewährleistete Greifenberg, dass das gesamte Territorium der bisherigen Brände ungefähr abgedeckt war. Den Rest würde die stärkere Bestreifung der Umgebung durch die Schutzpolizei besorgen.

Greifenberg musste kurz in sich hineinlächeln, denn dem Gedanken, dass die Jagd auf den Brandstifter ein wenig einem Schachspiel glich, konnte er sich nicht verwehren. Oberleutnant Greifenberg hatte nun seinen Zug getan und war sich sicher, dass der ahnungslose Täter beim nächsten Versuch in die Falle tappen würde. Er schob die ausgearbeiteten Dokumente in einer Mappe zusammen, erhob sich von seinem Tisch und verließ sein Büro, um rechtzeitig zur Besprechungsrunde zu stoßen.

Die Runde der Genossen saß schon zusammen im Besprechungszimmer, als Greifenberg mit der Akte unterm Arm eintrat. Major Graulich stand am Ende des Tisches, sein Blick wirkte noch besorgter als sonst. Kein Wunder, dachte sich Greifenberg. Graulich sprach ihn direkt an, obwohl er noch in der Tür stand:

»Guten Morgen, Oberleutnant Greifenberg, können Sie uns vielleicht in die Ermittlungsergebnisse der Brandstiftungsserie einführen? Wie ich höre, brannte gestern Nacht bereits der vierte Kinderwagen?«

»Das ist richtig, Genosse Major«, antwortete Greifenberg, gab die wenigen Erkenntnisse zum Besten und schloss mit den Worten:

»Aufgrund der anscheinenden Willkür, mit der der Täter vorgeht, ist davon auszugehen, dass er auch weiter in der Umgebung Brände legen wird und das Leben der Anwohner bedroht. Daher schlage ich vor, dass wir einen Brennpunkt eröffnen und somit bessere Fahndungsmittel zur Verfügung haben. Ich habe den Befehl bereits ausgearbeitet, er muss nur noch vom Inspektionsleiter unterzeichnet werden, Major Graulich?«

Greifenberg reichte Graulich die Mappe mit dem Befehl und setzte sich auf den nächstgelegenen Stuhl.

»Sehr gut, Greifenberg, das ist wohl das einzig Richtige. Ich werde den Befehl mit meinen Empfehlungen an Oberstleutnant Krause weiterleiten«, erwiderte Graulich.

»Vielen Dank, Major Graulich. Teil des Brennpunktbefehls ist ein Observationsplan. Ich habe vier Punkte vorgemerkt, von denen aus wir observieren sollten. Außerdem schlage ich die Bildung einer Einsatzgruppe vor, damit wir schnell und präzise auf mögliche Observationsergebnisse reagieren können«, fuhr Greifenberg mit der Erläuterung des Observationsplanes fort. »Die bisherigen Brandstiftungen geschahen meist im Zeitraum zwischen 20 Uhr und 1 Uhr nachts. Ich schlage vor, dass wir bereits heute Abend die erste Observation einleiten. Ich werde Entsprechendes in meiner Arbeitsgruppe veranlassen.«

»Wie ich sehe, haben Sie alles unter Kontrolle, Genosse

Greifenberg. Gibt es Fragen von den Kollegen?«, sagte Major Graulich und sah etwas oberlehrerhaft in die Runde.

Bis auf Gronowskis anerkennendes Nicken für die Arbeit Greifenbergs gab es aber keine Reaktionen auf die Anrede des K-Leiters. Graulich löste die Runde auf, signalisierte Greifenberg aber, noch für einen Augenblick im Raum zu bleiben.

»Greifenberg, sie machen das sehr gut«, sagte Graulich, als sie allein waren, »wir müssen den Täter allerdings so schnell wie möglich fassen. Bisher ist es nur eine Rauchvergiftung, aber wer weiß, was als Nächstes passiert …«

»Natürlich, Major Graulich. Wir werden den Täter bald ermitteln, darauf können Sie sich verlassen«, antwortete Greifenberg verständnisvoll.

Die kleine Erinnerung des K-Leiters war nicht wirklich nötig gewesen, wusste Greifenberg doch selbst, wie dringend die Lösung des Falls war. Gefahr war in Verzug. Greifenberg stellte fest, dass die Worte des Majors ihn eigentlich unter Druck setzen sollten. Damit hatte er allerdings kein Problem.

Am frühen Nachmittag desselben Tages

Frau Berger war eine rüstige alte Dame. Sie war 79 Jahre alt, Witwe und lebte in ihrer Zweizimmerwohnung im dritten Stock des Eckhauses der Mendelstraße mit Ausblick auf die Damerowstraße. Sie guckte tagsüber immer den S-Bahnen dabei zu, wie sie förmlich vorbeirasten. Sie mochte die Weite der hinter der S-Bahn-Trasse liegenden Brache. Hier gab es immer was zu sehen, vor allem die Vögel faszinierten sie im Frühjahr. Außerdem war es überhaupt nicht weit bis zu den nächsten Einkaufsmöglichkeiten. Am liebsten ging sie zum Bäcker. Dort konnte sie immer ein bisschen erzählen und den leckeren Blechkuchen für den Nachmittagskaffee einkaufen. Früher hatte sie bei der Jugendhilfe gearbeitet. Das war nun auch schon lange her, doch nach wie vor engagierte sie sich für die Gemeinschaft als Freiwillige Helferin der Polizei.

An diesem Nachmittag klingelte es an Frau Bergers Tür, sie wunderte sich ein wenig, da sie niemanden erwartete, ging aber gut gelaunt zur Tür. Sie guckte durch den Türspion, erkannte den Abschnittsbevollmächtigten Gerhardt und öffnete freudig die Wohnungstür: »Ach Mensch, Rainer, das ist ja eine Überraschung. Komm doch rein.«

Frau Berger führte den unerwarteten Gast in das Wohnzimmer.

»Danke, Gerda. Gut, dass du gerade zu Hause bist.«

»Natürlich, wo soll ich denn sonst sein? Einkaufen war ich doch schon«, antwortete sie lachend. »Wie komme ich denn zu der Ehre? Gibt's was zu tun für die Polizei?«, fragte sie spitzfindig.

»Du hast den Nagel auf den Kopf getroffen. Hast du von den Bränden in deiner Nachbarschaft gehört?«, fragte der ABV.

»Natürlich. Der eine war doch direkt hier gegenüber! Schreckliche Sache. Alle hier sind äußerst besorgt und haben Angst, dass ihr Haus das nächste sein könnte«, antwortete Gerda Berger und schüttelte mit dem Kopf.

Rainer Gerhardt nickte mit seinem ergrauten Kopf wie zur Bestätigung von Frau Bergers Beschreibung und murmelte:

»Ja, wer kommt nur auf so was? Kinderwagen anzünden. Unverantwortlich ist das.«

Plötzlich schien er sich aber wieder zu erinnern, weshalb er eigentlich gekommen war und räusperte sich:

»Ich habe die Anordnung bekommen, Observationspunkte für die Ermittlungen in der Angelegenheit vorzubereiten, und da du eine altgediente …«

Frau Berger unterbrach ihn kurz und lachte laut auf: »Ha, ja, alt kannst du laut sagen.«

Gerhardt lächelte kurz, ließ sich aber nicht weiter stören und führte seinen Vortrag ruhig aus:

»… Freiwillige Helferin bist, möchte ich dir hiermit mitteilen, dass heute zwischen 20 und 1 Uhr nachts zwei Genossen der Kriminalpolizei von deinem Wohnzimmer aus die Straßenecke observieren werden. Es handelt sich dabei um die Genossen Heinrich und Müller, Studenten der Kriminalistik, die momentan praktische Erfahrungen in der örtlichen Inspektion sammeln. Möglicherweise werden sie in den kommenden Tagen ihren Posten bei dir mehrfach einnehmen.«

»Rainer, na das ist ja eine freudige Überraschung. Studenten, in meiner Wohnung. Da muss ich ja glatt noch mal zum Bäcker gehen, Kuchen holen und noch ein bisschen Kaffee kaufen. Natürlich helfe ich gerne«, antwortete Frau Berger und war plötzlich ganz aufgeregt. Selten hatte sie Gäste in ihrer Wohnung und wollte selbstverständlich den bestmöglichen Eindruck machen.

»Ist das alles, Rainer? Wie spät ist es denn jetzt? Oh, viertel vier schon, na dann muss ich mich ja beeilen.«

Mit diesen Worten schob sie den verblüfften Rainer Gerhardt aus dem Wohnzimmer auf den Wohnungsflur und in Richtung Wohnungstür.

»Ja, das ist dann alles. Danke für die Bereitschaft«, konnte der ABV gerade noch erwidern, ehe er im Treppenhaus stand und seine Hand zu einem schüchternen Winken erhob.

Frau Berger nickte eifrig, schloss die Tür und begab sich zur Garderobe, zog sich einen Mantel über, griff nach der Handtasche, damit sie sich so schnell wie möglich zum Bäcker aufmachen konnte. Nicht, dass der gute Kuchen schon weg ist, dachte sich die alte Dame und griff nach ihrem Schlüsselbund.

Die Studenten Heinrich und Müller standen einige Stunden später pünktlich vor Frau Bergers Wohnungstür. Sie hatten Ferngläser, Nachtsichtgeräte und eine Kamera für optimale Observationsergebnisse dabei. Es war ihr erster Einsatz dieser Art, und beide waren ein wenig nervös. Sie klingelten, und fast im gleichen Augenblick öffnete die alte Dame ihnen die Tür.

»Guten Abend die Herren, kommen Sie bitte herein und sehen Sie sich um«, begrüßte Frau Berger die beiden jungen Männer.

Schon einmal vor einigen Jahren hatte Frau Bergers Wohnung als Observationspunkt gedient, daher wusste sie, dass die Beobachter sich erst einmal in der Wohnung umschauen und sich einrichten mussten.

Heinrich und Müller ließen sich das Wohnzimmer zeigen und bauten ihre Utensilien vor den beiden Fenstern auf. Durch das Fenster hatte man einen sehr guten Blick auf die Straßenecke und konnte auch die nähere Umgebung gut kontrollieren. Eine Straßenlaterne stand direkt gegenüber der Mündung der Mendelstraße und würde in nicht allzu langer Zeit die Ecke erleuchten. Heinrich lehnte sich an einen Sessel, der mit der Lehne zum Fenster stand.

»Ach, schieben Sie sich den doch ans Fenster. Das ist doch gemütlicher«, bemerkte Frau Berger aufmerksam.

Daraufhin schoben sich Heinrich und Müller die Sessel um einen Tisch zurecht. Frau Berger gesellte sich zu ihnen, und so blickten sie zu Beginn schweigend aus dem Fenster.

Nach einer Weile sprang Frau Berger auf, da sie sich an Kaffee und Kuchen erinnerte.

»Trinken Sie Kaffee? Und möchten Sie vielleicht auch ein

Stück Kuchen? Selber backe ich nicht mehr so viel, daher habe ich vorhin noch welchen gekauft. Ich hoffe, das ist recht so.«

Heinrich und Müller nickten eifrig, und von dem Zeitpunkt an, da Frau Berger eine riesige Kuchenplatte in das Wohnzimmer gebracht hatte, entwickelte sich eine gelöste Atmosphäre, in der sich die Studenten mit der neugierigen Gerda Berger austauschten. Trotz allem schauten sie pflichtbewusst durch das Fenster nach draußen in der Hoffnung, etwas Verdächtiges zu sehen. Doch in all den Stunden bis ein Uhr konnten sie nichts in ihrem Observationsprotokoll vermerken. Die Damerowstraße lag still im Dunkeln, und die beiden Studenten zogen mit vollen Mägen von dannen.

Als Greifenberg am nächsten Morgen seine Arbeitsgruppe zur Besprechung zusammentrommelte, lagen ihm sämtliche Observationsprotokolle bereits vor. Keine der Observationskräfte hatte etwas Verdächtiges gesehen. Auch die Streifen, die durch Pankow fuhren beziehungsweise zu Fuß, hatten nichts zu vermelden gehabt. Greifenberg ordnete eine weitere Observationsschicht für die kommende Nacht an. Irgendwann würde der Täter schon wieder zuschlagen.

Einen Tag später, 23 Uhr

Nachdem auch die zweite Nachtschicht keine zielführenden Erkenntnisse zutage gebracht hatte, entschied Greifenberg am Morgen in Abstimmung mit seinen Kollegen, die Observation für einen Tag auszusetzen. Die Observationsmannschaften sollten sich ausruhen und am nächsten Tag wieder eingesetzt werden. Keiner rechnete mit besonderen Vorkommnissen, und der Tag auf der Inspektion verlief ereignislos. Greifenberg ging um 17 Uhr nach Hause und hatte auch seinen Kollegen gestattet, ein bisschen eher als üblich zu gehen.

Greifenberg war gerade dabei, sich auf den Weg ins Bett zu machen, als sein Telefon plötzlich klingelte. Seine Frau guckte ihn überrascht an, und ihr Blick sprach Bände: Was war denn nun schon wieder passiert? Greifenberg zuckte mit seinen Schultern, doch insgeheim hatte er schon eine Vermutung, die ihm übel aufstieß. Er nahm den Hörer vom Telefon. Wieder einmal war es Genosse Schultze, der sich meldete:

»Oberleutnant Greifenberg, leider muss ich Ihnen mitteilen, dass es einen Brand auf einem Hinterhof der Hasseroder Straße gegeben hat. Die Bewohner bemerkten den Brand diesmal allerdings sehr schnell, und der Schaden hält sich in Grenzen. Keine Verletzten.«

Greifenberg traute seinen Ohren kaum und zögerte ein wenig mit der Antwort:

»Genosse Schultze, ich hatte fast so etwas geahnt. Ich mache mich gleich auf den Weg. Wiederhören.«

Er legte auf und signalisierte seiner Frau, dass er noch einmal losmüsse. Er verließ die Wohnung und stieg in sein Auto.

Während er das kleine Stück zur Hasseroder Straße fuhr, begann Greifenberg zu überlegen, wie es sein konnte, dass gerade heute Abend ein neuer Brand gelegt wurde. Zwei Tage hintereinander hatten sie observiert und nichts und wieder nichts Neues erfahren. Greifenberg erreichte den Tatort und stieg aus dem Wagen. Ungefähr 30 Menschen standen auf dem Hinterhof. Fast jedes einzelne Gesicht, in das Oberleutnant Greifenberg blickte, zeigte Spuren von Furcht. Zu viele Brände hatte es nun schon in der Nachbarschaft gegeben, und wenn auch diesmal kaum

Sach- und kein Personenschaden entstanden war, fühlte Greifenberg, wie sich die Unruhe unter den Anwohnern potenzierte. Das Problem war zudem, dass sie es scheinbar mit einem sehr flinken Täter zu tun hatten, der nur wenige Spuren hinterließ.

Greifenberg ließ sich von einem Schutzpolizisten in die Sachlage einführen und erfuhr, dass alles daraufhin deutete, dass es derselbe Täter war. Hoftor offen, Flucht über die Hinterhöfe möglich und keine Hinweise oder Beobachtungen aus der Nachbarschaft. Es war nun unverzichtbar, die Ermittlungstätigkeit weiter zu intensivieren. Solange der Täter auf den Straßen unterwegs war, durften sie nicht locker lassen, wusste Greifenberg.

Charlie Braun, Freddy Gehrke und Greifenberg saßen am nächsten Tag ein wenig ratlos in Greifenbergs Büro und schlürften aus ihren Kaffeetassen. Jedes einzelne der wenigen Indizien hatten sie gedreht und gewendet und waren doch auf keine neuen Erkenntnisse gekommen. Außer der Notwendigkeit, herausfinden zu müssen, ob der Täter etwas über ihre Observationen wusste. Dieses Detail war ihnen allen unangenehm, und sie konnten sich nicht vorstellen, dass der Täter irgendeinen Draht zur Inspektion in Pankow hatte. Das wirkte einfach zu verwegen, um wahr zu sein.

»Verdammt noch mal!« Freddy Gehrke brach die Stille. »Seit Wochen hält uns dieser feige Hund nun schon auf Trab, und wir wissen fast nichts über ihn.«

»Ich fürchte, dass uns im Augenblick nichts anderes übrigbleibt, als Ruhe zu bewahren und die Observation für ein paar Tage am Stück wieder einzusetzen«, beruhigte Greifenberg. »Falls nichts passiert, steigt die Wahrscheinlichkeit, dass der Täter etwas weiß.«

»Aber wer hätte denn Interesse daran, so jemanden zu

decken? Oder womöglich die Straftaten zu ermöglichen?«, wandte Charlie mit einem tiefen Stirnrunzeln ein.

»Halten wir uns erst einmal an die Fakten. Noch ist nichts gewiss. Vielleicht war dieses Mal auch nur ein unglücklicher Zufall, und bei den nächsten Observationen geht er uns ins Netz«, sagte Greifenberg besonnen.

Sie mussten jetzt einen kühlen Kopf bewahren und durften keinen voreiligen Schlussfolgerungen hinterherrennen. Greifenberg beendete die Runde. Es war beschlossene Sache, dass die nächsten vier Tage lang observiert werden würde. Frau Berger würde den Studenten also wieder ordentlich Kuchen auftischen können.

Vier Tage später

Auch nach vier weiteren Nachtschichten kamen Bernhard Greifenberg und seine Kollegen genauso ratlos zusammen wie zuvor. In der alltäglichen Besprechung mit Major Graulich herrschte eine nüchterne Stimmung. Außerdem verbreitete sich die Vermutung, dass der Täter tatsächlich Informationen aus der Polizeiinspektion erhielt. Warum wurde er nicht während der Observationen aktiv? Ausgerechnet den Tag, an dem nicht observiert wurde, nutzte er prompt für eine Brandstiftung. Major Graulich guckte in die Augen seiner Genossen, und insbesondere bei Oberleutnant Greifenberg sah er Ratlosigkeit, der Eifer des erfahrenen Ermittlers war ungebrochen, aber momentan schien er nicht so richtig zu wissen, in welche Richtung es weitergehen sollte.

Graulich fasste einen Entschluss, den er sofort seinen Mitarbeitern mitteilte:

»Genossen, ich sehe hier heute eine recht müde Runde, und auch von den Observationsmannschaften höre ich

Ähnliches. Ich veranlasse hiermit, dass die Observation heute Nacht ausgesetzt wird. Weitere Schritte werden wir morgen besprechen.«

»Das ist sicher im Sinne der Observierer«, fügte Greifenberg zustimmend hinzu, »und wir haben keinerlei konkrete Erkenntnisse darüber, dass der Täter tatsächlich Bescheid weiß über unsere Pläne.«

Die Entscheidung, die Observation auszusetzen, war naheliegend, alle Kräfte mussten ein wenig geschont werden. Die intensivere Bestreifung der Umgebung war auch nur durch den Abzug von den normalen Streifen möglich und sorgte an anderen Ecken für Engpässe. Die Kollegen erhoben sich von ihren Plätzen und machten sich wieder an die Arbeit. Die Leitlinie war klar: weiter nach Indizien suchen und mögliche Lücken in der Beweisaufnahme klären. Manchmal war diese Arbeit wie die Suche nach der berühmten Nadel im Heuhaufen, dachte Greifenberg und ärgerte sich, dass sie momentan nichts weiter unternehmen konnten.

Am Abend desselben Tages

»Ich geh dann mal«, rief Werner Kaiser seiner Frau Gertrud zu. Sie hatten vor kurzem zu Abend gegessen, und er war noch durstig. Er griff nach einem leeren Stoffbeutel und prüfte in seinen Jackentaschen, ob er auch alles dabeihatte. Schlüssel, Geld, Feuerzeug und Feuerzeugbenzin, alles da, dachte er und schloss die Wohnungstür hinter sich. Es war heute ein wenig schwül gewesen, und Werner Kaiser erhoffte sich von dem Spaziergang in Richtung Hadlichstraße, dass die kühlere Abendluft ein wenig Abhilfe schaffen könnte.

Es war 20.53 Uhr, und Kaiser war gut gelaunt. Er würde in der Gaststätte vorbeigucken, ein Bier am Tresen trinken und kurz mit Dieter plaudern. Es gab nichts Großartiges zu berichten, aber irgendeine Neuigkeit würde Dieter schon mitzuteilen haben. Und falls nicht, dachte er vorsichtig, gab es da ja noch das andere, das ihn in der Regel noch mehr aufmunterte.

Als er nach kurzem Fußweg auf Höhe der Paracelsusstraße die Damerowstraße verließ, guckte er verstohlen auf den nächstbesten Hinterhof. Und tatsächlich, es war sehr ruhig auf dem Hof, die Dämmerung setzte gerade ein, und zwischen der Ecke eines Wohnhauses und einem Schuppen erkannte Werner Kaiser einen Kinderwagen. Wenn der nachher noch dort stünde, würde er einen kleinen Abstecher machen. Er kannte den Hinterhof gut, so nah an seinem Zuhause wusste er, dass er wieder einmal leicht abhauen konnte. Vorn durch das Tor zur Straße raus musste er gar nicht fliehen.

Werner Kaiser machte schnell kehrt und beschleunigte seinen Schritt. Lange würde er es trotz allem wohl doch nicht bei Dieter aushalten – egal, was für eine Geschichte er wieder auspackte.

Zwei Stunden später

Greifenberg stürmte aus dem Schlafzimmer und warf sich seinen Mantel über, griff nach seiner Ledertasche mit der Kamera, schnürte sich die Schuhe eilig zu und rief seiner Frau zu, dass sie doch bitte Freddy Gehrke verständigen solle:

»Paracelsusstraße 3, Feuer!«

Und schon war er aus der Wohnung verschwunden. Er rannte die Treppe hinunter und fluchte:

»Das kann doch nicht wahr sein. Wie ist das nur möglich!«

Der Brandstifter trieb ihn zur Weißglut. Greifenberg

wusste, dass sie sich morgen beim Rapport auf einiges gefasst machen mussten.

Greifenberg stieg ins Auto und drückte auf die Tube. Je schneller er vor Ort war, umso schneller würde er ein möglichst authentisches Bild des Tatortbereichs bekommen. Sicher würde wieder eine Unzahl an Nachbarn vor Ort sein. Er entschloss sich außerdem, dass sie diesmal den Tatortbereich intensiver mit der Kamera ablichten würden, damit er einen illustrierten Tatortbefundbericht anfertigen konnte. Dieser sorgte dafür, dass ihm der Papierkram nicht wieder über den Kopf wuchs, und die Erkenntnisse, die man daraus ziehen konnte, waren mindestens so ergiebig wie diese ganze Schreiberei. Mit einigen Kollegen hatte er vor ein paar Monaten dafür gesorgt, dass diese Methode des Tatortbefundberichts Einzug in die Arbeit der Pankower Kriminalpolizei gehalten hatte.

Als Bernhard Greifenberg am Tatort ankam, waren die Feuerwehrmänner noch immer bei den Löscharbeiten. Der Feuerwehrwagen stand wieder auf der Straße geparkt, mehrere prall gefüllte Wasserschläuche bahnten sich den Weg auf den Hof. Der Brand wirkte größer als die bisherigen. Viele Leute standen im Innenhof, ein Schutzpolizist beruhigte mehrere Anwohner, die um einen Krankenwagen herum standen. Die Türen des Krankenwagens waren geöffnet, anscheinend war diesmal jemand zu Schaden gekommen. Kurz darauf wurden sie geschlossen, und der Wagen fuhr mit Blaulicht und aufheulender Sirene los.

Ein Schutzpolizist erstattete Meldung:

»Genosse Oberleutnant! Die Feuerwehr hat alles unter Kontrolle, es ist nur eine Frage der Zeit, bis der Brand gelöscht ist. Danach können wir sofort versuchen, Spuren zu sichern.«

»Tja, viel wird da wohl nicht übrigbleiben«, antwortete Greifenberg trocken und zog die Kamera aus seiner Tasche.

Er begann zu fotografieren und sollte Recht behalten. Nachdem der Brand gelöscht war und sie den Tatort betreten konnten, stießen Greifenberg und der in der Zwischenzeit hinzugestoßene Freddy Gehrke auf keine neuen Erkenntnisse. Das Metallgerippe des Kinderwagens war verkohlt, der Schuppen komplett runtergebrannt und das Wohnhaus stark von den Flammen angegriffen. Die Diagnose der Notärzte für die zu Schaden gekommenen Person war Rauchvergiftung.

Und vom Täter? Keine Spur.

Nachdem der Hinterhof wieder einigermaßen aufgeräumt, die Mehrzahl der Nachbarn wieder in ihre Wohnungen zurückgekehrt und auch die Feuerwehr abgerückt war, standen Bernhard Greifenberg und Freddy Gehrke nebeneinander und schauten sich den Tatort zum wiederholten Male an. Es gab eigentlich nichts weiter zu sehen. Sie hatten alles festgehalten und notiert. Der eigentliche Grund für das gedankenverlorene Herumstehen der beiden Kriminalisten war die Schlussfolgerung, die sie aus diesem insgesamt sechsten Brand zogen. Sie war für sie schwer zu verdauen. Der Täter musste Bescheid wissen. Es konnte sich nicht um einen Zufall handeln, dass an den beiden Tagen ohne Observation jeweils ein Brand verursacht wurde. Schweigend verabschiedeten sich Greifenberg und Freddy voneinander. In ein paar Stunden schon würden sie sich wiedertreffen.

Wer ist bloß der Feuerteufel?

Als Gronowski das Besprechungszimmer betrat, saß Greifenberg bereits. Eine Tasse Kaffee stand vor ihm, und er biss herzhaft in ein belegtes Brot. Inzwischen nahm Greifenberg also auch schon das Frühstück in der Inspektion ein. Gronowski wusste, welchen Druck der Leiter der Arbeitsgruppe »Schwere Straftaten« so aushalten musste, vor allem wenn der Täter immer wieder zuschlug.

»Morgen, Bernhard, hast du ein bisschen geschlafen?«, fragte der Kollege.

»Du weißt also auch schon Bescheid. Na ja, es hilft ja nichts, sich zu beschweren, Gronowski. Es geht schon, danke der Nachfrage«, antwortete Greifenberg und erzählte nüchtern weiter.

»Wir machen alles richtig, die Pause war notwendig – und er tritt sofort wieder in Aktion. Ich sehe schon, wir müssen ihn austricksen.«

»Du hast also einen Plan?«, fragte Gronowski gespannt.

»Da kannst du drauf wetten!«, lächelte Greifenberg.

Die folgende Sitzung der Arbeits- und Kommissariatsleiter überbot jene nach dem letzten Brand noch einmal an Nüchternheit und Ratlosigkeit. Major Graulich schilderte seine Einschätzung der Situation und fuhr seinen Maßstäben entsprechend auch ein wenig aus der Haut. Zwar beschuldigte er Greifenberg und die anwesenden Genossen nicht, doch auch Graulich musste ein wenig Dampf ablassen. Die anschließende Diskussion bewegte sich nicht vom Fleck, und je länger sie diskutierten, umso größer wurde Oberleutnant Greifenbergs Entschlossenheit, die anderen in seinen Plan einzuweihen.

Greifenberg ging inzwischen davon aus, dass der Täter auf irgendeine Weise Wind von den Observationsplänen bekommen hatte, und wollte sich diese Vermutung zunutze machen. Sie würden ein großes Risiko eingehen, doch was blieb ihnen anderes übrig, wenn neue Observationen einfach nur dazu führten, dass sie keine weiteren Erkenntnisse erhielten? Er überwand sich und schob die Zweifel beiseite.

Ohnehin würden seine Kollegen jene Zweifel gleich in großer Runde anbringen.

»Genossen, ich glaube, dass wir alle der gleichen Meinung sind: So wie bisher werden wir keine Fortschritte machen. Wir müssen etwas riskieren.«

Greifenberg blickte in die Runde und maß die Reaktion seiner langjährigen Kollegen. Bisher protestierte noch keiner. Nur Major Graulich beobachtete ihn ein wenig skeptisch und strich die grauen Haare seiner Halbglatze nervös nach hinten.

»Dann legen Sie mal los, Genosse Greifenberg!«, sagte er.

»So sehr es auch schmerzt, dies einzusehen, es ist davon auszugehen, dass der Täter weiß, wann wir observieren. Möglicherweise gibt jemand bewusst unsere Ermittlungsschritte weiter. Andererseits ist es auch möglich, dass der Täter indirekt Wind von unseren Plänen bekommt. Vielleicht beobachtet er sogar die Inspektion und unsere Bewegungen.«

»Sicher, Bernhard? Ich zweifle daran, dass irgendjemand so viel Aufwand betreiben würde«, unterbrach Gronowski Greifenbergs Ausführungen.

»Wie auch immer, es sind Spekulationen«, antwortete Greifenberg beharrlich und erklärte, »womöglich sollten wir aber unsere Observationsroutine verändern. Ich schlage vor, dass wir noch einmal wie bisher observieren. Sollte aber weiterhin nichts vorfallen, setzen wir für übermorgen die Observation in den Wohnungen bei starker Bestreifung aus. Für den Tag darauf nehmen wir die Observation wieder auf, aber die Bestreifung stufen wir dann auf normal zurück.«

»Ich verstehe, worauf Sie hinauswollen, Genosse Oberleutnant. Sie wollen herausfinden, über welchen Kanal der Täter etwas erfährt, und seine Reaktion testen. Das Risiko ist beträchtlich! Er könnte ungestört einen nächsten Brand setzen. Falls er zudem mehr weiß, wird er auch darauf zu reagieren wissen«, warf Major Graulich ein.

»Sie haben recht, doch dann wissen wir zumindest, dass wir ein ernstzunehmendes Problem in der Inspektion und Ermittlungsarbeit haben«, betonte Greifenberg überzeugt und setzte fort:

»Ich glaube allerdings, dass es sich bei dem Wissen des Täters um einen leicht zu erklärenden Zufall handelt. Ich gehe nicht von mutwilliger Störung der Polizeiarbeit aus. Deswegen ist es wichtig, dass wir unsere Vorgehensweise variieren, damit der Täter sich gegebenenfalls in Sicherheit wähnt. Vielleicht könnten wir übermorgen die Bestreifung noch leicht intensivieren, um das Risiko zu vermindern?«

»Genossen, was halten sie davon?«

Graulich richtete das Wort an die schweigenden Kollegen.

»Ewig können wir das Spiel mit der Observation ja nicht weiterspielen«, merkte Wilhelm Schneider vom Kommissariat V (Fahndung) schwerfällig an, »wie ich weiß, geht dieses ständige Aus-dem-Fenster-Gegucke an die Substanz.«

»Ich weiß ja nicht. Ich fürchte nur, dass wir unseren Ruf ein bisschen aufs Spiel setzen. Ich bin kein Freund von Unsicherheitsfaktoren. Mir ist das einfach zu riskant«, sagte der besorgt dreinblickende Seidler vom Kommissariat VIII (Kontrolle vorbestrafter Verbrecher).

»Deswegen bist du ja auch bei den Akten«, neckte Gronowski seinen Kollegen und fing sich dafür einen ermahnenden Blick von Major Graulich ein.

»Wie dem auch sei, ich finde, dass dieses ewige Hin und Her nicht so weitergehen kann. Ich unterstütze deinen Plan, Bernhard.«

Greifenberg selbst hatte die Diskussion interessiert verfolgt und bemerkt, dass er den Nerv der Kollegen getroffen hatte. Jeder war der Sache schon ein wenig überdrüssig, und sie wollten diesen Täter endlich dingfest machen.

»Wie es aussieht, kommen wir hier auf einen Nenner«, fasste Graulich zusammen.

»Ich bin einverstanden, Greifenberg. Heute Nacht wird normal observiert. Übermorgen setzen wir die besprochenen Maßnahmen ein. Falls wir keine weiteren Erkenntnisse erhalten oder womöglich ein weiterer Brand gelegt wird, setzen wir uns sofort wieder zusammen.«

»Verstehen Sie mich nicht falsch, Genossen, ungern möchte ich einen weiteren Tatort besichtigen. Wir sollten unsere Kollegen von der Streife und die Observationskräfte entsprechend vorbereiten und ihnen sagen, dass sie besondere Aufmerksamkeit an den Tag legen müssen«, fügte Oberleutnant Greifenberg hinzu.

Major Graulich nickte zustimmend und war schon im Aufstehen begriffen, als er sagte:

»Dann ist das also beschlossene Sache. Weisen Sie die Streifen und Observationskräfte ein. Bis morgen, Genossen!«

Der Rest der Runde erhob sich nun ebenfalls. Alle, insbesondere Greifenberg, trugen die Hoffnung in sich, dass dies die letzte Besprechung zu diesem Fall gewesen sein würde.

Am Abend desselben Tages

Die Studenten Heinrich und Müller und ihre Gastgeberin Frau Berger waren inzwischen gut aufeinander abgestimmt. Nach all den Observationen hatten sie eine gewisse Routine erlangt. Frau Berger variierte die Auswahl des Kuchens, und Müller brachte jedes Mal einen Satz Spielkarten mit. Während der eine also aus dem Fenster guckte und die Straßenkreuzung überwachte, hielt sich der andere mit dem Kartenspiel mit Frau Berger in einer hinteren Ecke des Zimmers wach. Für die beiden war Frau Berger inzwischen zu Gerda geworden. In der Regel ging Gerda gegen 23 Uhr ins Schlafzimmer und ließ die beiden allein. Heinrich und Müller verließen zwei Stunden später die Wohnung und zogen die Tür hinter sich ins Schloss.

Auch heute sollte die Observation wieder so laufen. Heinrich und Müller machten es sich anfangs in den Sesseln bequem. Der Kuchen schmeckte wieder exzellent, doch die Zeit verging trotzdem langsam und zäh. Ab und zu sahen sie, wie ein Passant die Damerowstraße entlangging oder ein Auto vorbeifuhr. Unter den Passanten war auch ein in eine luftige Sommerjacke gekleideter Mann, der um 21.14 Uhr mit einem leeren Stoffbeutel in der Hand Richtung Zentrum ging. Ein anderer fuhr um 21.59 Uhr mit dem Fahrrad vorbei und transportierte in seinem Anhänger Grünzeug, das er wahrscheinlich an Kaninchen oder sonstiges Getier verfüttern würde. Außer sich diese Details zu merken war aber nichts weiter zu tun. Schließlich war keiner der Passanten in irgendeiner Weise verdächtig. Sie kamen und gingen und ließen sowohl die beiden Studenten als auch Frau Berger ratlos zurück.

Werner Kaiser schlenderte die Damerowstraße entlang. Er erinnerte sich sehnlichst an den gestrigen Abend, der ihm für wenige Minuten sehr viel Freude gemacht hatte. Im Überschwang der Gefühle hatte er sich ein paar Schlucke aus der Flasche genehmigt, so dass sie am nächsten Tag fast schon wieder leer war. Verloren wanderte seine linke Hand in die Jackentasche und stieß auf – nichts. Sie war leer. Kein Feuerzeug, kein Feuerzeugbenzin. Er atmete schwer auf und ließ seinen Blick umherwandern. Er war jetzt auf Höhe der Mendelstraße und blickte auf das Wohnhaus. Vereinzelt waren die Fenster schon dunkel, andere Fenster wiederum ließen Schatten erahnen, die sich in den dahinter befindlichen Zimmern bewegten. Heute galt es, die Füße stillzuhalten, ermahnte sich Werner Kaiser selbst. Das nächste Mal würde nicht lange auf sich warten lassen, beruhigte er sich und setzte seine müden Schritte fort.

Am späten Nachmittag des nächsten Tages

Wie inzwischen die Mehrzahl der Kriminalisten vermutet hatte, war auch die letzte Nacht mit Observationen ohne besondere Vorkommnisse zu Ende gegangen. Die Kollegen warteten gespannt auf die kommende Nacht, und insbesondere Greifenberg war ein wenig ungeduldig. Würde der Täter möglicherweise heute Nacht enttarnt werden, da er sich aufgrund der ausgesetzten Observation in Sicherheit wähnte? Oberleutnant Greifenberg hatte es sich in seinem Büro so gemütlich gemacht, wie es ging. Er hatte sich entschieden, in Bereitschaft zu bleiben und sich nicht wieder in letzter Sekunde aus seiner Wohnung klingeln zu lassen. Das Telefon stand ihm gegenüber. Greifenberg lehnte sich in seinem Stuhl zurück und begann zu warten.

Einige Stunden später in der Dämmerung

Stefan holte zu einem kräftigen Schlag aus und ließ seinen rechten Arm durch die Luft fliegen. Der Schläger in seiner Hand traf den Federball optimal am Kopf. Der Ball nahm Fahrt auf und flog in die entgegengesetzte Richtung auf Waldemar zu. Er kam schnell, und Waldemar war bereits außer Atem, er machte einen Ausfallschritt nach links und versuchte, den Federball noch zu erreichen, doch der schlug nur trocken vor seinem linken Fuß auf. Der Boden war staubig und voller kleiner Kieselsteine. Stefan und Waldemars Federballspiel ging immer rasant vonstatten, und obwohl man es diesem Spiel nicht zutraute, zogen sie sich des Öfteren kleinere Blessuren zu. Blaue Flecke, Schürfwunden, aber letztlich nichts, was ihren sportlichen Ehrgeiz aufhalten konnte.

Waldemar fluchte:

»Verflixt nochmal, schon wieder verloren. Bist du heute besonders auf Touren, oder was?«

»Tja, Patzler, die Klimmzüge am Klettergerüst zahlen sich auf lange Sicht doch aus. Vielleicht solltest du auch mal probieren«, erwiderte Stefan und lächelte, »aber dafür bist du ja zu faul.«

»Ach weißte, ich bin dafür flinker als du und schneller am Ball. Nur heute bin ich anscheinend ein wenig langsam unterwegs«, sagte Waldemar, der sich an die Hauswand des Hinterhauses in der Zellerfelderstraße gelehnt hatte. Aus seinem Turnbeutel zog er ein Feuerzeug und eine Packung Karo-Zigaretten und hielt sie Stefan, der sich zu ihm an der Hauswand gesellt hatte, vor die Nase.

»Willste auch eine?«, fragte Waldemar seinen Kumpel.

»Schneller machen die dich bestimmt nicht, Patzler. Lass mal, da pfeif ich drauf«, antwortete Stefan spöttisch.

Waldemar zuckte die Schultern und zündete sich die Zigarette an. So verharrten sie stillschweigend nebeneinander und starrten in den dunkler werdenden Himmel. Stefan setzte gerade zu einer weiteren Bemerkung an, als Waldemar den Finger zum Mund bewegte und seinem Kumpel signalisierte, still zu sein:

»Psst, hörste auch das Quietschen aus dem Haus?«

»Ach, was du schon wieder hörst«, erwiderte Stefan. »Da ist nichts!«

»Lass uns mal hingehen und nachschauen«, sagte der aufmerksame Waldemar, und Stefan folgte ihm widerwillig in Richtung des zweiten Hinterhauses.

Waldemar öffnete die Eingangstür und erschrak leicht, als er im Dunkeln einen Mann sah, der über einen Kinderwagen gebeugt stand und an diesem herumhantierte. Der Mann fühlte sich sofort ertappt, reagierte prompt und sprach die beiden skeptisch dreinblickenden Jungs an:

»Habt ihr auch gerade den Typen gesehen, der aus dem Haus gerannt ist? Hier soll doch so ein Brandstifter unterwegs sein, der Kinderwagen anzündet.«

Stefan und Waldemar schüttelten ihre Köpfe und waren leicht verwirrt:

»Wir haben niemanden gesehen. Sind Sie sicher, dass da jemand war?«

»Ja, auf jeden Fall. Blitzschnell war der weg, als ich die Treppe runtergekommen bin.«

»Können Sie den beschreiben? Vielleicht sollten wir die Polizei rufen, Stefan«, sagte Waldemar, dem der Besuch auf der Pankower Inspektion eindringlich in Erinnerung geblieben war.

Der Mann guckte abwechselnd die beiden Kumpel ratlos an.

»Na ja, viel hab ich nicht von ihm gesehen. Aber versuchen könnte ich es ja«, sagte der Mann, der den Kinderwagen zurecht schob und sich daran machte, den Hauseingang zu verlassen.

Die beiden Jungs waren misstrauisch und folgten ihm sofort. Sie gingen zu dritt nebeneinander in den ersten Hinterhof und Stefan fragte laut:

»Und was haben Sie da im Treppenhaus gemacht?«

Der Mann antwortete: »Na, ich kam gerade von einem Bekannten runter, und plötzlich sah ich da einen Mann am Kinderwagen stehen.«

Während die drei so sprachen, öffnete sich im dritten Stock ein Fenster und Stefans Vater guckte hervor. Er sprach die drei auf dem Hinterhof an: »Was ist denn hier los? Was quatscht ihr denn so laut zu dieser Stunde?«

Stefan antwortete schnell: »Der Mann hier will den Brandstifter gesehen haben. Wir haben ihn gerade im Hausflur des zweiten Hinterhauses getroffen.«

»Den Brandstifter?«, fragte Stefans Vater ungläubig. »Wartet mal, ich komme runter.«

Die Schutzpolizisten Greinig und Stein saßen in ihrem Funkwagen Toni 22 und waren gerade auf dem Weg zur Pankower Inspektion. Viel hatten die beiden einander heute nicht zu sagen, da sie fast tagtäglich gemeinsam unterwegs waren. Man lernte sich schätzen, wenn man so viel Zeit miteinander verbrachte. Auch privat verstanden sie einander

Begegnung Täter und Zeugen

gut und gingen mit ihren Jungs sonntags auf den »Exer«. Den Sportplatz an der Eberswalder Straße kannten sie noch von früher und hatten dort selbst nach der Schule Stunde um Stunde gebolzt. Greinig hatte einen 15-jährigen Sohn, der ganz nach seinem Vater kam und von Steins Elfjährigen immer wieder gehörig ausgespielt wurde. Aber das nahmen die Greinigs mit Humor, denn wenn sie einmal mit Wucht abzogen, duckte man sich lieber weg vorm Ball.

»Übrigens, Hans hat mir letztens einen Witz erzählt, den er in der Schule aufgeschnappt hat«, sagte Greinig.

»Na, dann lass mal hören. Wenn der so gut ist wie Hans' Ballführung, dann gute Nacht«, neckte Stein seinen älteren Kollegen.

Greinig verzog kurz die Augen und setzte zum Witz an:

»Was passiert, wenn der Fernsehturm in Richtung Westen umfällt?«

Stein zögerte und antwortete mit Schweigen. Witze, die mit Fragen begannen, konnte er nicht ausstehen. Trocken sagte er dann doch:

»Na? Was?«

»Na, dann kann man mit dem …«

»Augenblick mal, heb dir den Witz für später auf. Was ist denn da los?«, unterbrach Stein seinen Kollegen plötzlich.

Gerade waren sie von der Achtermannstraße links in die Zellerfelder Straße abgebogen. Unter dem Licht der Straßenlaternen sahen sie eine kleine Traube von Menschen auf der Straße stehen, die scheinbar aufgeregt miteinander diskutierten. Stein steuerte den Wagen langsam an die Bordsteinkante. Die beiden Polizisten stiegen aus dem Fahrzeug und gingen auf die Gruppe von vier männlichen Personen zu.

»Guten Abend, die Herren. Ist hier alles in Ordnung?«, fragte Stein in die Runde.

»Wie gut, dass Sie hier sind«, sprach Waldemar den Beamten Stein direkt an: »Wir wollten Sie eh gerade verständigen.«

»Warum?«, fragte Greinig. »Was ist vorgefallen?«

»Der Mann hier behauptet, den Brandstifter in flagranti ertappt zu haben«, sagte Stefans Vater und zeigte auf den Vierten im Bunde.

»Den Brandstifter! Das ist ja interessant. Wann denn?«, sagte Greinig erstaunt.

»Inzwischen ist es sicher schon zehn Minuten her, und der ist über alle Berge«, sagte der Mann. »Er war dunkel gekleidet und hantierte an so einem Kinderwagen im Hinterhaus rum.«

»Vielleicht ist es am besten, wenn wir Sie alle mit auf die Inspektion nehmen und Sie das alles zu Protokoll geben. Hier kommen wir damit nicht weiter«, beschloss Stein.

Genosse Greinig nickte zustimmend, sagte:

»Steigen Sie doch alle mal bitte ein«, und deutete auf den Funkwagen.

»Aber was ist denn mit dem Täter? Den lassen wir jetzt so einfach laufen, oder was?«, widersprach der besorgte Mann, der behauptet hatte, den Brandstifter gesehen zu haben.

»Das lassen Sie mal unsere Sorge sein. Den kriegen wir schon mit Ihren Informationen.«

»So viel habe ich nun auch nicht gesehen«, sagte er beleidigt. »Das ging alles so schnell.«

»Jetzt steigen Se schon ein und hören hier auf rumzuzetern. Mir ist das alles nicht geheuer, was Sie da erzählen«, warf Stefans Vater genervt ein.

Schließlich gab der Mann seinen Widerstand auf und setzte sich zu Waldemar, Stefan und dem Vater in den Wagen. Greinig gesellte sich ebenfalls zu ihnen, während Stein vorn einstieg und das Fahrzeug in Bewegung setzte.

Greifenberg guckte gerade auf die Uhr. 22.23 Uhr. Vielleicht sollte er doch nach Hause gehen. Sein komplettes Büro hatte er schon aufgeräumt, die Akten zusammengeschoben und geordnet. Das Stullenpaket war auch schon zur Hälfte verspeist, und von Kaffee war er inzwischen auf Wasser umgestiegen. Die Müdigkeit setzte nach Stunden in der Inspektion langsam ein, er glaubte kaum noch an irgendeinen Vorfall.

Greifenberg beschloss, kurz rauszugehen, um ein bisschen frische Luft zu schnappen. Er erhob sich und zog sein Sakko von der Stuhllehne und über seine Schultern. Die kühle Luft draußen würde ihn wieder ein wenig aufwecken, und wenn innerhalb der nächsten Stunde nichts weiter vorfiel, würde er nach Hause gehen. Er öffnete seine Bürotür und trat durch das Vorzimmer auf den Flur. Verdutzt schaute Greifenberg den hell erleuchteten Flur entlang. Eilig kam ihm eine Gruppe von fünf Männern entgegen. Zwei der Männer waren Schutzpolizisten von der Funkwagenstaffel, er kannte sie persönlich. Ein drittes Gesicht kam ihm ebenfalls bekannt vor, und der Name Waldemar Patzler fiel ihm wieder ein. Die anderen zwei Personen waren ihm unbekannt.

Greifenberg war sofort hellwach und sprach sie an:

»Herr Patzler, hat es Ihnen so gut hier gefallen, dass Sie um diese Uhrzeit wiederkommen? Ich dachte wir hätten alles geklärt.«

»Herr Oberleutnant, guten Abend! Mein Kumpel Stefan und ich haben Federball gespielt und dann eine Pause gemacht. Wir hörten ein Quietschen aus dem zweiten Hinterhaus und gingen rein. Dort überraschten wir dann einen Mann …«

»… der über einen Kinderwagen gebeugt stand und behauptete, dass er den Brandstifter gerade gesehen hätte«, fuhr der aufgeregte Stefan fort, der seinem Kumpel nicht die gesamten Lorbeeren gönnen wollte.

»Und wo ist der Mann jetzt?«, fragte Greifenberg in Richtung der beiden Beamten.

»Der musste gerade mal auf Toilette«, antwortete Stein.

»Ach, seid ihr verrückt!? Schon einmal darüber nachgedacht, dass er selbst der Brandstifter sein könnte, den die Jungs da auf frischer Tat ertappt haben?«, fragte Greifenberg entrüstet. »Holt den mal schnell wieder her und bringt ihn in mein Büro!«

Die beiden Polizisten machten prompt kehrt, um den Befehl des Vorgesetzten auszuführen. Greifenberg schüttelte den Kopf und grummelte kurz in sich hinein. Waldemar, Stefan und Stefans Vater folgten gebannt dem Schauspiel auf dem Flur der Polizeiinspektion. Greifenberg wendete sich ihnen wieder zu, sagte:

»Folgen Sie mir, bitte!«, und führte sie in das Vorzimmer seines Büros. »Die beiden Kollegen nehmen kurz Ihre Personalien und Ihre Aussagen auf. Danach können Sie nach Hause gehen.«

Die drei setzten sich und warteten. Greifenberg blickte ungeduldig zur Tür, bis endlich die beiden Kollegen mit dem Mann erschienen. Greifenberg musterte ihn. Er war ein hagerer Mann mit langen Haaren, die Augen flogen unsicher durch den Raum und mieden jeglichen Blickkontakt.

»Sie haben also den Brandstifter gesehen?«, fragte Greifenberg den Mann noch im Vorzimmer.

»Vermutlich war es der Brandstifter, wer sonst hantiert spätabends schon an einem leeren Kinderwagen rum?«, antwortete der Mann redegewandt. Sein Blick hob sich allerdings nicht. Wieder wich er den Augen des Oberleutnants aus.

Instinktiv war Greifenberg der Meinung, den Täter vor sich zu haben, und fasste einen Entschluss. Er hatte bisher keinerlei Beweise in der Hand, folgte nur seinem Gefühl und musste dem Mann richtig auf den Zahn fühlen. Das rechtfertigte auch die kleinsten, aber doch sehr effektiven Kniffe. Greifenberg richtete sich an die beiden Schutzpolizisten.

»Genossen, verständigen Sie doch bitte die Branduntersuchungskommission im Präsidium. Ich werde die Befragung dort mit den Kollegen vornehmen.«

Greinig verließ das Vorzimmer und traf die entsprechenden Vorbereitungen.

»Aber warum denn das? Können wir das nicht schnell hier hinter uns bringen? Ich war doch nur zur falschen Zeit am falschen Ort, und jetzt werde ich dafür bestraft?«, fragte der Mann ein wenig verzweifelt.

»Das ist leider notwendig, da die Kollegen von der BUK (Branduntersuchungskommission) sich noch besser in Sachen Brandstiftung auskennen und Ihre Informationen besser einordnen können. Ihre Umstände tun mir leid, doch immerhin geht es hier möglicherweise darum, mehrere Verbrechen aufzuklären, nicht wahr, Herr …? Wie war noch Ihr Name?«, fragte Bernhard Greifenberg.

»Kaiser. Werner Kaiser ist mein Name.«

»Herr Kaiser, und da stehen Sie uns doch mit Sicherheit zur Verfügung, nicht wahr?«

»Natürlich, Herr Oberleutnant. Wenn mir nichts anderes übrigbleibt«, sagte Werner Kaiser nun leicht eingeschüchtert.

Greifenberg richtete sich noch kurz an den Kollegen Stein und beauftragte ihn, die Personalien der drei aufzunehmen. Greinig würde ihn selbst und Werner Kaiser zum Präsidium fahren. Dort würden sie einen aus psychologischer Sicht passenden Raum für die Befragung, die eigentlich eine Vernehmung war, beziehen. Passend deshalb, weil Kaiser das Untersuchungshaftgefängnis durch das Fenster würde sehen können.

Im Berliner Polizeipräsidium

Bernhard Greifenberg stand mit seinem Kollegen Reinhold Struck von der BUK hinter einer Jalousie, die fast vollständig geschlossen war. Struck war extra ins Präsidium gekommen, um Greifenberg bei der Befragung von Werner Kaiser zu assistieren. Die beiden sahen durch die schmale Spalte in den dahinterliegenden Raum.

Inmitten des Raumes saß Kaiser auf einem Holzstuhl mit ockerfarbenen Sitzpolstern. Der Tisch vor ihm war graumeliert und die Tischplattenkante mit schwarzem Kunststoff bedeckt. Kaiser schien aus dem Fenster zu gucken und musste wohl oder übel das graue Untersuchungshaftgefängnis betrachten. Greifenberg war zufrieden mit seinen bisherigen Schritten und hatte sich auch mit Struck beraten. Sie würden Kaiser wie üblich als Zeugen befragen, aber nicht lockerlassen, denn bisher gab ihnen der Mann noch sehr viele Rätsel auf.

»Na, denn man tau«, sagte der Mecklenburger Struck, der vor einigen Jahren von Rostock nach Berlin gewechselt war.

»Wird eine harte Nuss, glaube ich, aber ich habe ja schon so einige dieser Art geknackt«, antwortete Greifenberg und öffnete die Tür.

Kaiser blickte dem eintretenden Greifenberg entgegen und fragte angriffslustig:

»Was soll denn diese Warterei hier? Sollte es nicht in Ihrem Interesse sein, so schnell wie möglich meine Informationen aufzunehmen? Während ich hier dumm rumsitze, macht's sich der Täter unter seiner Bettdecke gemütlich.«

»Beruhigen Sie sich erst einmal, bitte, und entschuldigen Sie die Wartezeit. Es gab einiges zu besprechen, denn wir hatten heute zahlreiche Streifenwagen auf Pankows Straßen im Einsatz, und ich musste mich entsprechend informieren.«

»Streifenwagen also«, schluckte Kaiser, damit hatte er nicht gerechnet, fasste dennoch gleich wieder Mut: »Und was bringen Ihnen Streifenwagen, wenn der Brandstifter über die Hinterhöfe abhaut?«

»Warum sind Sie denn so geladen, Herr Kaiser? Haben Sie etwas zu verbergen?«

»Nein, natürlich nicht. Ich fühle mich ungerecht behandelt. Bereitwillig habe ich mich Ihren Genossen als Zeuge zur Verfügung gestellt, und jetzt geht das hier schon seit Stunden. Ungeheuerlich ist das!«

»Wie gesagt, beruhigen Sie sich erst einmal. Erzählen Sie mir doch bitte ganz genau, was Sie gesehen haben.«

Kaiser schilderte Greifenberg seine angeblichen Beobachtungen: »Es war ein großer, schlanker, dunkel gekleideter Mann mit einer Mütze auf dem Kopf und, er fingerte da am Kinderwagen rum.«

»Wie groß denn?«

»Vielleicht so 1,90?«

»Und der hat sie gesehen?«

»Ich glaube nicht. Also ich bin die Treppe runtergegangen, kam von einem Bekannten, und dann hat er mich wohl gehört. Ich erinnere mich nicht, dass er mich angeguckt hätte.«

»Haben Sie denn etwas von seinem Gesicht gesehen?«

»Nur einen Backenbart. Dann war er blitzschnell weg.«

»Ein ganz flinker also. Und gesagt haben Sie auch nichts?«

»Na doch, ich meinte so: Was machen Sie denn da?«

»Interessant. Sind Sie ihm dann hinterher?«

»Nein, also, ich habe erst einmal nachgeguckt, was der da am Kinderwagen gemacht hat. Da hätte ja noch ein Kind drin sein können.«

»Aber da war kein Kind. Und dann sind Sie ihm trotzdem nicht gleich hinterher?«

»Nein, dann waren ja sofort die Jungs da. Ich wollte quasi gerade losrennen.«

»Quasi?«

»Ja, natürlich, aber dann standen diese beiden da plötzlich in der Hoftür.«

»Und wie ging's dann weiter?«

»Was hat denn das jetzt noch mit der Sache zu tun?«

»Mich interessiert einfach, warum Sie nicht gleich alle drei losgerannt sind, wenn es so eindeutig war, dass ein Brandstifter Ihnen da gerade durch die Lappen geht.«

»Die Jungs haben mich halt erst einmal konfrontiert. Haben mich sicher gleich selber verdächtigt.«

»Tatsache? Warum glauben Sie das?«

»Die haben mir nicht geglaubt und waren so aufdringlich. Haben gar nicht aufgehört zu fragen. Und dann kam auch noch der Vater dazu.«

Kaiser war schon ein bisschen müde von dem Frage-Antwort-Spiel. Er mochte nicht, dass er so in Verteidigungshaltung geraten war. Er brauchte eine Pause, fuhr sich mit der Linken durch die Haare und hielt kurz inne. Greifenberg beobachtete ihn aufmerksam. Er wusste, dass sein Gegenüber sehr nervös war. Er musste ihn noch weiter in die Ecke drängen, damit er selbst mehr von sich preisgab. Schließlich fragte Kaiser:

»Haben Sie vielleicht ein Glas Wasser für mich?«

»Natürlich, entschuldigen Sie bitte. Ich kann Ihnen auch Kaffee anbieten.«

»Da sag ich nicht nein«, erwiderte Kaiser dankbar.

Greifenberg verließ den Raum, um Wasser und Kaffee zu holen. Kaiser nutzte die Verschnaufpause, um zu überlegen. Den Widerstand hatte er inzwischen aufgegeben und akzeptiert, dass er eher als Verdächtiger denn als Zeuge hier war. Wie konnte er seinen Kopf noch aus der Schlinge ziehen? Der Oberleutnant misstraute ihm eindeutig und würde nicht lockerlassen. Vielleicht könnte er eine Art Teilgeständnis ablegen. Einräumen, dass er niemanden gesehen hatte und dabei erwischt wurde, wie er den Kinderwagen klauen wollte. Er konnte ja auch behaupten, dass eine Geliebte von ihm schwanger sei und er offiziell wegen seiner Frau keinen Kinderwagen kaufen könnte. Natürlich würde er die Geliebte erfinden, niemals würde er Gertrud so etwas antun. Aber der Zweck heiligt schließlich die Mittel. Wie war er nur in diese Lage geraten? Er hätte die Jungs doch einfach wegschubsen können, um wegzurennen. Aber dann hätte ihn ja jeder erkannt. Es war gut, dass er Ruhe bewahrt hatte. Irgendwie würde er sich schon noch aus der Affäre ziehen können.

Greifenberg kam wieder zurück und stellte zwei Tassen Kaffee und zwei Gläser Wasser auf dem Tisch ab. Er setzte sich.

»Herr Kaiser, wo sind wir denn stehengeblieben?«

»Herr Oberleutnant. Ich muss Ihnen etwas gestehen.«

»Tatsächlich, was denn?«

»Die Jungs haben mich bei einer Straftat ertappt. Aber mit dem Inbrandsetzen von Kinderwagen habe ich nichts am Hut.«

»Ich bin ganz Ohr, nur frage ich mich, was man sonst noch für eine Straftat begehen kann, wenn man sich über einen Kinderwagen beugt?«

»Herr Oberleutnant, ich weiß, dass das unglaubwürdig klingt, aber ich wollte den Kinderwagen stehlen.«

»Stehlen? Warum das denn? Sollte ich außerdem davon ausgehen, dass der dunkel gekleidete, schlanke Riese mit Backenbart, der vor Ehrfurcht vor Ihnen geflohen ist, überhaupt nicht vor Ort war?«

»Da haben Sie recht. Der Mann existiert nicht.«

»Aber warum diese Mühe?«

»Damit ich meine Straftat verdecken konnte.«

»Und warum stehlen Sie Kinderwagen?«

Greifenberg traute nun wiederum seinen Ohren kaum, als Werner Kaiser ihm die Geschichte von einer schwangeren Geliebten auftischte, und als dieser im nächsten Augenblick ihren Namen nicht wusste, wurde er ungeduldig. Berta, Rita, Sieglinde – Kaiser verlor den Faden bei der Befragung. Doch sein Widerstand war noch lange nicht gebrochen. Greifenberg musste sich weiter vortasten, um zu einem Geständnis zu kommen. Er schaute auf die gegenüberliegende Wand und blickte auf die Uhr. 1.33 Uhr war es inzwischen, noch sah es nicht optimal aus. Er machte Fortschritte, aber einen entscheidenden Durchbruch brauchte er noch.

»Ganz ehrlich, Herr Kaiser, diese Geschichte ist unglaubwürdig. Wie heißt denn der Bekannte, bei dem Sie waren?«

»Der ist auch nur erfunden«, gestand Kaiser. Zunehmend fiel es ihm schwerer, sein Gesicht zu wahren.

»Ach, der ist also auch erfunden. Das heißt, Sie sind zielgerichtet in das Wohnhaus gegangen, um einen Kinderwagen zu stehlen?«

»Ja, genau. Ich kam gerade von der Kneipe ›Zum Eck‹ in der Hadlichstraße, habe dort eine Flasche Schnaps gekauft. Ich weiß, dass es sehr viele Kleinkinder in diesem Haus gibt, da eine entfernte Verwandte dort wohnt. Sie beschwert sich immer über das Gequengel.«

»Wo ist die Flasche denn jetzt? Und wie heißt diese Person?«

Auf diese Fragen konnte Kaiser wahrheitsgemäß und wie aus der Pistole geschossen antworten:

»Die Flasche habe ich vor lauter Aufregung im Hausflur vergessen, als die Jungs auftauchten, und die Verwandte heißt Petra Sänger.«

Diese schnellen Antworten überraschten Greifenberg ein wenig. Sprach er doch ein Quäntchen Wahrheit?

»Und wie oft sind Sie in der letzten Zeit in der Kneipe gewesen?«

»So ein- bis zweimal die Woche.«

»Kann das jemand bestätigen?«

»Meine Frau, ja!«

»Wie heißt sie?«

»Gertrud Kaiser.«

Insgeheim dachte sich Greifenberg, dass sie so nicht weiterkommen. Plötzlich fiel ihm etwas ein. Der Geruch! Benzin! Von den bisherigen Bränden wusste er, dass die Brände mit handelsüblichem Feuerzeugbenzin ausgelöst wurden. Möglicherweise war Kaiser schon so weit in seiner Brandstiftung fortgeschritten, dass er den Kinderwagen bereits mit Benzin getränkt hatte. Ohne Vorwarnung griff Bernhard Greifenberg nach Kaisers Hand und hielt sie fest. Er hob sie an und führte sie schnell zu seiner Nase.

»Was machen Sie denn da? Was soll das? Lassen Sie mich los!«, rief Kaiser erregt.

Schon im nächsten Augenblick lag Kaisers Hand wieder auf dem Tisch, und Greifenberg hatte endlich ein bisschen mehr Gewissheit. Er befand sich auf dünnem Eis, doch es war eindeutig: Kaisers Hand roch stark nach Benzin.

»Herr Kaiser, Ihre Hand riecht verdächtig nach Benzin.«

»Tatsächlich? Das muss von der Arbeit sein«, konterte Kaiser und entschied sich nun für eine neue Strategie. Er würde einfach nur noch schweigen. Er redete sich hier sonst noch um Kopf und Kragen. Greifenberg verstand das neue Spiel schnell und ließ Kaiser spielen. Sollte er doch schweigen, Greifenberg hatte genügend Zeit. Diese verstrich langsam, und die beiden starrten sich zwischenzeitlich immer müder werdend an.

Greifenberg erhob sich und verließ den Raum, um Struck die bisherigen Ergebnisse und die Unklarheiten zu erzählen, in die sich Kaiser verstrickt hatte. Struck wollte es nun selbst einmal probieren und ging in den Raum, um mit Kaiser zu sprechen. Greifenberg beobachtete die beiden durch die Jalousie und sah, dass Kaiser weiter stur blieb. Struck verließ den Raum wieder und schüttelte den Kopf:

»Jetzt ist rein gar nichts mehr aus ihm rauszuholen.«

»Ich probiere es noch mal«, entgegnete Greifenberg halb so entschlossen wie vorher. Wenn es so weiterginge, müssten sie Kaiser bald wieder gehen lassen.

Als er in den Raum trat, sah er, dass es draußen schon wieder hell wurde. Ein Gutes hatte es ja doch: Wenigstens würde Kaiser das Untersuchungshaftgefängnis nun besser sehen können.

»Herr Kaiser«, sagte Greifenberg, während er sich setzte, und wurde sofort von Kaiser unterbrochen.

»Herr Oberleutnant«, sagte dieser immer leiser werdend, »ich habe all diese Brände …«

»Sprechen Sie bitte lauter!«

Kaiser gehorchte und fasste seinen Mut zusammen. Jetzt oder nie, er würde das schon durchstehen.

»Ich habe all diese Brände gelegt.«

In diesem Augenblick fiel Greifenberg eine immense Last von den Schultern. Kaiser hatte sich durchgerungen, die taktischen, psychologischen Kniffe hatten Wirkung gezeigt und endlich war dieses Katz-und-Maus-Spiel vorbei.

»Das war eine sehr gute Entscheidung, Herr Kaiser, endlich die Wahrheit zu sagen. Ich schicke Genosse Struck zu Ihnen, er wird Ihr Geständnis aufnehmen«, sagte Greifenberg, erhob sich von seinem Stuhl und entfernte sich Richtung Tür. Er legte seine Hand auf den Griff und öffnete die Tür, hielt jedoch, schon im Gehen begriffen, inne. »Herr Kaiser, eine Sache noch.«

Kaiser blickte ihn müde an.

»Woher wussten Sie, dass Sie an bestimmten Tagen freie Bahn hatten und wir nicht observierten?«

»Ach das. Per Zufall. Meine Frau ist Verkäuferin beim Bäcker, und eine Kundin, eine ältere Dame, erwähnte zu Beginn der Observationen, dass sie Kuchen für zwei Kriminalistik-Studenten kaufe, da sie von ihrer Wohnung aus observieren. Meine Frau berichtete mir, vollkommen ahnungslos natürlich, jedes Mal davon, wenn die Dame wieder eine Ladung Kuchen gekauft hatte.«

»Tatsache! Ja, wenn das nicht ein Zufall ist. Aber ich sag ja auch immer, den Zufall darf man in der Ermittlungsarbeit nicht unterschätzen.«

Greifenberg trat zufrieden aus dem Raum und nickte Struck zu:

»Er hat gestanden. Übernehmen Sie?«

Struck nickte sowohl bejahend als auch anerkennend.

Greifenberg verließ das Präsidium.

Gegen 5 Uhr fiel er endlich in sein Bett. Ein langer Tag, doch es hatte sich gelohnt. Pankow konnte endlich wieder ruhig schlafen.

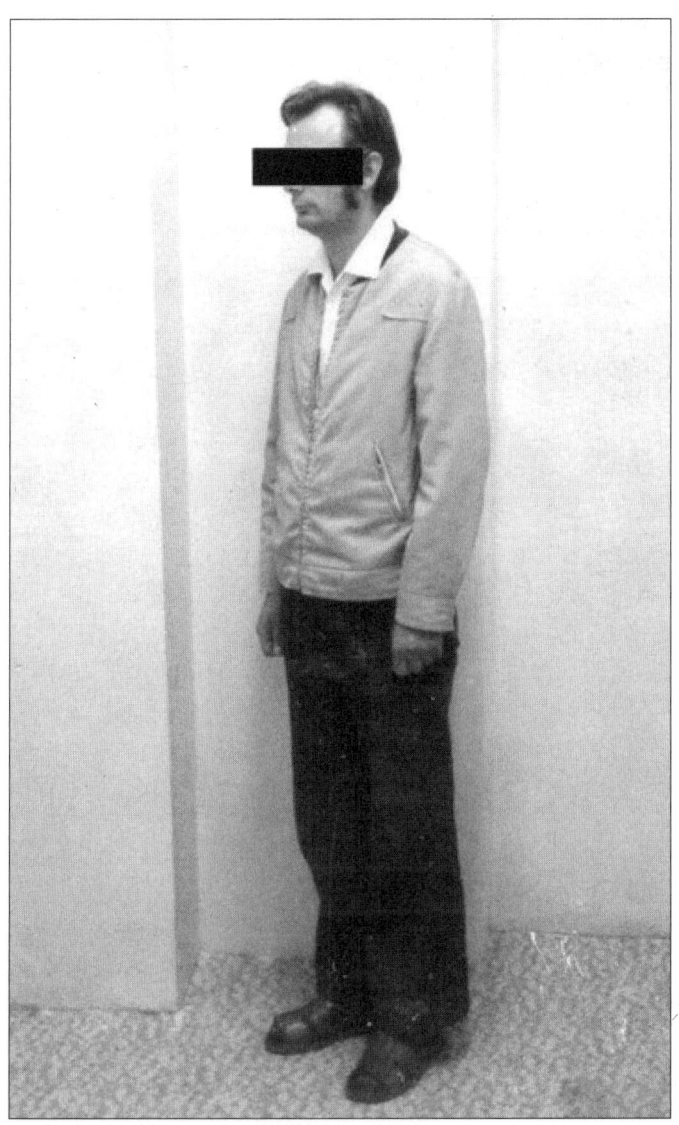

Täterfoto, kurz nach der Festnahme

Kindesentführung vor dem Handelshaus

Die Treppen waren noch nass von der morgendlichen Reinigung, und es quietschte, als Bernhard Greifenberg seinen Fuß hob, um die nächste Stufe zu nehmen. Eine Vielzahl von Menschen jagte an ihm vorbei hinunter in die U-Bahnstation. Doch Greifenberg ließ sich Zeit und musterte die entgegenkommenden Menschen aufmerksam, während er voranschritt. Die meisten trugen aufgebauschte Frisuren, die Kleidung war oft sportlich, Blusen mit blumigen Motiven bei den Frauen und die Männer meist mit hellen, knapp sitzenden Sommerjacken. Der eine oder andere mit feinem Kostüm rannte ebenfalls eilig an ihm vorbei. Hier spürte man das moderne, das lebendige Berlin. Die geschäftigen Menschen schienen geradlinig und zielstrebig auf dem Weg zu sein, doch Greifenberg wusste aufgrund seiner Berufserfahrung, dass dieser erste Eindruck oft täuschte. Ein jeder konnte ein angenehmes oder aber auch erschütterndes Geheimnis mit sich herumtragen.

Oben auf dem Platz angekommen, strahlte Greifenberg die Sonne hell entgegen. Es würde ein schöner Septembertag werden, so wie ihn die Berliner lieben, wenn sich der Herbst nähert. Greifenberg hielt kurz inne. Während er das Stimmengewirr aus dem Untergrund nur leicht wahrnahm, ließ er seinen Blick über den Alex schweifen. Er maß die Gebäude ab und erblickte schräg gegenüber dem Haus des Reisens seinen Arbeitsplatz, das Präsidium der Volkspolizei in der Hans-Beimler-Straße.

Das Haus war schon Anfang der 1930er Jahre errichtet worden und diente damals als Lager und Verwaltungsgebäude der Karstadt-Warenhauskette. 1945 war dann der Ostberliner Polizeipräsident hier eingezogen, weil die »Rote Burg« am Alexanderplatz, der vorherige Sitz der Polizei, aber auch der Gestapo, im Krieg völlig zerstört worden war. Die Westberliner Polizei hatte ihren Sitz zur selben Zeit nach Kreuzberg in die Friesenstraße verlegt.

Im Volksmund wurde das Präsidium der Volkspolizei, auf das Greifenberg nun blickte, nur Präsidium Keibelstraße genannt, denn auf der Rückseite des Gebäudes, eben an der Keibelstraße, befand sich ein separater Eingang zur Volkspolizeiinspektion Berlin-Mitte und für die Diensthabende Einsatzgruppe (DHG) der Kriminalpolizei des Präsidiums. Diese Einsatzgruppe, bestehend aus zwei bis vier Kriminalisten, war rund um die Uhr im Einsatz und dafür mit einem im Inneren vollständig als Büro ausgestatteten Kleinbus vom VEB Barkas-Werke Karl-Marx-Stadt ausgerüstet.

Nachdem Greifenberg sein Fenster in der imposanten Fassade entdeckt hatte, schritt auch er schließlich zielgerichtet voran. Aufgrund der Größe des Polizeipräsidiums konnte man sich anfangs leicht auf den Gängen verirren. Nach sieben Jahren hingegen, die Greifenberg schon im Dezernat X war, kannte der Oberstleutnant den Weg zu seinem Büro wie seine Westentasche. Das einzige Problem war nur, dass man immer wieder bekannten Gesichtern begegnete und oft in ungewollte Gespräche verwickelt wurde. Greifenberg hatte es sich deswegen angewöhnt, die Genossen mit einem freundlichen Nicken zu bedenken, um dann so schnell wie möglich weiterzugehen.

Der Oberstleutnant und die 20 Mitarbeiter des Dezernat X arbeiteten in ihrem eigenen Bereich in der sechsten Etage. Greifenberg stieg aus dem Paternoster und ging forschen Schrittes zu seinem Büro, öffnete die Tür und wurde von seiner Sekretärin Helga Arendt mit einem Kaffee begrüßt.

Seinen Kollegen Schöning, der ebenfalls schon im Büro war, begrüßte Greifenberg freundlich, merkte jedoch zugleich die Unruhe des Kollegen:

»Guten Morgen, Genosse Schöning, sieht wie ein vielversprechender Tag aus, nicht wahr?«

»Guten Morgen, Oberstleutnant, das Wetter lässt nichts zu wünschen übrig, aber meine Stimmung ist verhalten«, antwortete Schöning.

»Na aber, Schöning. Mit ein wenig mehr Zuversicht können wir schon in den Arbeitstag starten«, sagte Greifenberg mit einem kleinen Lächeln.

Schöning war einer von Greifenbergs vertrauten und langjährigen Mitarbeitern. Insbesondere zeichnete sich der ehrgeizige Kollege durch seine Fähigkeiten als Analytiker aus.

»Ich versuche mir ja eine Scheibe von deinem Optimismus abzuschneiden, doch die Sackgasse, in der wir uns im Fall ›Geldbotenüberfälle‹ befinden, trägt nicht gerade zur Besserung meiner Stimmung bei.«

»Genosse, wir werden das gleich in unserer Beratung näher besprechen, wenn ich vom Dezernatsleiter-Rapport zurück bin.«

Schöning nickte und verließ den Raum.

Greifenberg drehte sich um und begab sich in sein geräumiges Büro. Die Sonne schien auf seinen Schreibtisch, auf dem wohlgeordnet mehrere Akten lagen. Die Akten bewiesen, dass es alles andere als ruhig in Ostberlin zuging. Oftmals mussten Greifenberg und seine Kollegen an der Aufklärung von mehreren Fällen gleichzeitig arbeiten, die manchmal auch sehr an die Substanz gingen. Brandstiftungen, Raub, jegliche Art von Sexual- und anderen schweren Verbrechen. Das Dezernat X war für die besonders schwerwiegenden Fälle zuständig, jene Fälle also, die die Sicherheit der Bevölkerung in besonderem Maße bedrohten. Gerade erst vor einer Woche konnte Greifenberg mit seinen Kollegen eine unheimliche Serie von Sexualdelikten an Kindern aufklären und dem Staatsanwalt eine dicke Akte mit Beweismaterialien und Ermittlungsergebnissen übergeben. Die Hoffnung war groß im Dezernat, dass man diese Ermittlungen erst einmal ein wenig verarbeiten konnte, bevor der nächste große Fall anfiel. Greifenberg hatte einigen Kollegen im zurückliegenden Fall immer wieder gut zureden müssen, um dranzubleiben an der Aufklärung. Denn waren die Ermittlungen noch so schwer und unangenehm, die Aufgabe des Dezernats X war es, dennoch Licht in jegliche noch so verwerfliche Straftat zu bringen und die bis dahin unbekannten Täter zu ermitteln.

Greifenberg setzte sich an seinen Tisch und plante kurz die morgendliche Besprechungsrunde, welche dem Dezernat als zentraler Treffpunkt diente. Aufgaben wurden verteilt, Fragen gestellt und vor allem wurden Ideen und Perspektiven ausgetauscht – in Greifenbergs Augen war dieses Forum unersetzlich.

Junges Familienglück im Neubau

Der Prerower Platz in Hohenschönhausen war für viele Anwohner ein zentraler Anlaufort. Das dortige Handelshaus wurde stark frequentiert, und S-Bahn und Straßenbahn führten vom Platz direkt in die Innenstadt. Hohenschönhausen mit seinen Hochhäusern war schnell gewachsen. In den 1970er Jahren hatte es noch wie ein typisches märkisches Dorf ausgesehen. Doch dann hatte die Entwicklung des Bezirks als Neubaugebiet Fahrt aufgenommen. Straßen wurden angelegt, und das Gebiet wurde an das Strom- und Abwassernetz angeschlossen. Vor allem aber wuchsen riesige Plattenbauviertel aus dem Boden. Wie in Marzahn explodierte die Einwohnerzahl in den frühen 1980er Jahren förmlich, neuer Wohnraum für 90.000 Menschen entstand. Und die Leute, die hierherzogen, freuten sich über die komfortable Ausstattung der Neubauwohnungen. Viele waren aus den Innenstadtbezirken gekommen, in denen das Wohnen noch längst nicht so komfortabel war wie hier. Dort galt noch immer die Devise »Kohlen schleppen«, und man wohnte hinter maroden Fassaden. Immer weniger Bürger wollten dort leben, und die Nachfrage nach den neuen, modernen Wohnungen im Plattenbau wuchs dementsprechend.

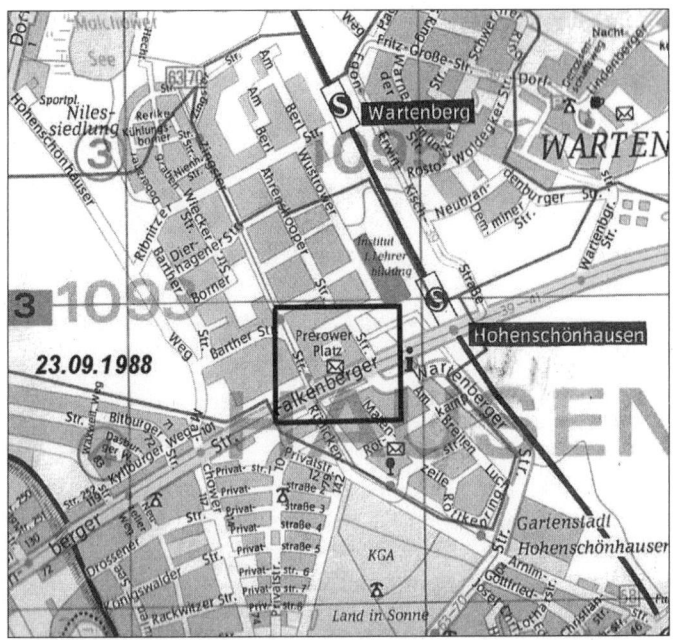

Stadtplan – Tatortbereich

Familie Gryphius hatte Glück gehabt und im Herbst 1987 eine Zusage für eine Wohnung in der dritten Etage in der Barther Straße erhalten. Reinhold Gryphius war studierter Anglist und arbeitete seit zwei Jahren in der Industrie- und Handelskammer in Mitte. Sabine Gryphius war Lehrerin für Mathematik und Physik an der örtlichen EOS. Dass sie die Wohnung beziehen konnten, passte den jungen Eheleuten sehr gut in den Plan. Nachwuchs hatte sich angekündigt, und der im März 1988 geborene Harry belebte von Anfang an die Dreizimmerwohnung.

Sabine Gryphius war gegen Mittag mit dem inzwischen sechs Monate alten Harry spazieren gegangen und wollte bei dieser Gelegenheit schnell eine Packung Milch aus dem Handelshaus besorgen. Da es draußen so sonnig war und Harry gerade so selig im Kinderwagen schlief, entschied sie, dass er weiterschlafen sollte. Sie fühlte sich wohl und vor allem auch sicher in ihrer Nachbarschaft und war bisher eigentlich nur angenehmen Zeitgenossen begegnet. Nur der eine oder andere war grantig und raubeinig, doch das verwunderte die gebürtige Greifswalderin schon nicht mehr. Die Berliner waren eben ein bisschen rauer, und sie hatte sich inzwischen schon selbst eine harte Schale zugelegt. So kam man in der Regel sehr gut zurecht. Harry drehte sich ein wenig, als sie zum Abschied kurz ihren Finger auf seine Wange legte. Der Kleine machte sie und ihren Mann sehr glücklich.

Ein Anruf vom Kriminaldauerdienst

Die Besprechung im Dezernat X nach dem Dezernatsleiter-Rapport verlief recht unbefriedigend. Keiner der verantwortlichen Untersuchungsführer konnte neue Erkenntnisse, geschweige denn eine heiße Spur zu den Vorgängen ›Geldbotenüberfälle‹ vorlegen. Schon seit Monaten versuchten sie sich an der Aufklärung zweier Einbruchserien in Betrieben und Wohnungen sowie einer Häufung von Raubstraftaten an älteren Bürgern in deren Wohnungen, doch sie machten einfach keine Fortschritte.

Greifenberg konnte Schönings morgendliche Unruhe also durchaus nachvollziehen, doch wie verzwickt die Lage auch sein mochte, Greifenbergs Optimismus war nicht unterzukriegen. Sie würden den Räubern und Einbrechern schon noch auf die Spur kommen, denn viel Geld ließ sich in der DDR nicht so einfach ausgeben. Nach einiger Zeit, die Greifenberg mit seinen Akten verbracht hatte, ließ er sich gerade von Kollegin Arendt einen dampfenden Kaffee machen, als das Telefon drüben in seinem Zimmer klingelte. Greifenbergs Büro verfügte über eine Direktverbindung zum Kriminaldienst des Präsidiums, und wenn das Gerät klingelte, bedeutete dies meist höchste Priorität und einen Einsatz des Dezernats.

Greifenberg beschleunigte seinen Schritt. Während er die volle Tasse mit ausgestrecktem Arm balancierte, griff er mit der linken Hand nach dem Hörer.

»Oberstleutnant Greifenberg am Apparat, mit wem spreche ich?«

»Guten Tag, Genosse Oberstleutnant. Liepner vom Kriminaldauerdienst am Apparat«, beeilte sich die junge Kollegin mitzuteilen. »Gerade kam eine Meldung von der Kriminalpolizei aus Hohenschönhausen. Ein Kind wird vermisst, Verdacht auf Kindesentführung.«

»Genossin Liepner, wo werden wir gebraucht?«, antwortete Greifenberg geduldig.

»Prerower Platz. Am Handelshaus.«

»Wir sind sofort auf dem Weg. Danke, Genossin Liepner.«

Greifenberg legte hastig den Hörer auf, Kaffee schwappte über den Tassenrand, als er ihn auf dem Tisch abstellte. Greifenberg wollte so schnell wie möglich vor Ort sein, um möglichst viele direkte Eindrücke zu bekommen. Er verließ sein Büro und trommelte Schöning und den Kollegen Frenzel zu sich. Frenzel arbeitete ebenfalls schon seit längerem im Dezernat X und war ein ruhiger, aber durchaus aufmerksamer Zeitgenosse.

»Genossen, wir müssen zum Prerower Platz. Ein Kind wird vermisst – Verdacht auf Kindesentführung durch unbekannte Täter.«

Die beiden Kollegen waren sofort hellwach und wussten, dass die Suche nach einem vermissten Kind bei Verbrechensverdacht den höchsten Grad an Konzentration benötigte. Sie rannten gemeinsam die Treppen zum Parkplatz hinunter, auf dem ihr dezernatseigener Wartburg in zivilen Farben stand. Frenzel setzte sich ans Steuer, Greifenberg an seine Seite, und Schöning nahm hinten Platz.

»Na dann mal los«, sagte Frenzel und startete den Motor.

Was war in Hohenschönhausen geschehen?

Sabine Gryphius traute ihren Augen nicht, als sie die Leere in Harrys Kinderwagen entdeckte. Immer panischer und hektischer rannte sie vor dem Handelshaus am Prerower Platz hin und her und sprach Leute an, ob sie etwas gesehen hätten. Doch sie erhielt nur erstaunte und überraschte Gesichter als Reaktion. Sie schaute in andere Kinderwagen, die ebenfalls vor dem Einkaufszentrum standen, doch je länger sie suchte, umso mehr sank ihre Hoffnung. Sabine Gryphius holte tief Luft, unterdrückte ihre Tränen und ging zurück ins Handelshaus, um das Personal darüber zu verständigen, dass ihr ein halbes Jahr alter Sohn verschwunden war. Das Personal informierte wiederum die Volkspolizei.

Ein Funkwagen der örtlichen Schutzpolizei war in kürzester Zeit vor Ort und informierte sich über die Lage, verständigte über Funk die VP-Inspektion Hohenschönhausen und befragte die Mutter des verschwundenen Kindes sowie anwesende Passanten, die sich vor dem Handelshaus versammelt hatten. Es dauerte nur Minuten, dann waren bereits ein weiterer Funkwagen und Einsatzkräfte der örtlichen Kriminalpolizei unter Leitung von Major Steinschmidt am Ereignisort. Major Steinschmidt war Leiter der Kriminalpolizei Hohenschönhausen und sich schnell der Brisanz dieses Falles bewusst, schließlich konnte das Kind nur entführt wor-

Unmittelbarer Tatort – das Handelshaus am Prerower Platz (1988)

den sein. Ein sechs Monate alter Junge, der aus einem Kinderwagen verschwindet – er schüttelte den Kopf ob dieses obskuren Vorfalls und benachrichtigte das Polizeipräsidium am Alexanderplatz.

Steinschmidt war sich sicher, dass er diesen Fall aus den Händen geben musste. Es handelte sich aller Wahrscheinlichkeit nach um eine schwere Einzelstraftat, bei der man sämtliche Register ziehen würde. Er vermutete, dass das Dezernat X anrücken würde. Die Kollegen hatten einen hervorragenden Ruf, und unter Führung von Oberstleutnant Greifenberg war das Dezernat zu einem Aushängeschild der Ermittlungs- und Aufklärungsarbeit gereift. Sehr gern hätte er selbst in diesem Dezernat gearbeitet.

Major Steinschmidt schob die Gedanken beiseite und richtete seinen Blick auf Sabine Gryphius, die allein in der Menge stand und gedankenverloren auf den Kinderwagen blickte. Er gab sich einen Ruck und ging zu ihr.

»Frau Gryphius, das Berliner Polizeipräsidium wurde verständigt. In Kürze dürfte ein Trupp Experten hier eintreffen. Wir werden alles dafür in Bewegung setzen, dass wir Ihr Kind schnell wiederfinden.«

Sabine Gryphius, so plötzlich angesprochen, wurde aus ihren nervösen Gedanken gerissen und blickte Major Steinschmidt mit großen Augen an.

»Harry hatte einen selbstgestrickten, violetten Pullover an und einen blau-weiß gestreiften Strampler. Die kamen gestern mit der Post von meiner Mutter aus Greifswald.«

»Frau Gryphius, das haben die Kollegen bereits zu Protokoll genommen. Weitere Maßnahmen der Fahndung werden in Kürze eingeleitet. Ist Ihr Mann bereits informiert worden?«, fragte Steinschmidt vorsichtig.

»Reinhold ist auf dem Weg. Ihr Kollege«, Sabine Gryphius zeigte auf einen uniformierten Polizisten, der mit dem Rücken zu ihnen stand und eilig etwas auf einen Block notierte,

»war so freundlich, ihn informieren zu lassen. Sie sind alle so hilfsbereit. Wer tut nur so etwas?«, sagte die schockierte Mutter und sah Major Steinschmidt verstandnislos an.

»Kommen Sie, Frau Gryphius, wir setzen uns einmal dort auf die Bank. Möchten Sie etwas trinken?«

Steinschmidt führte sie zu einer grauen Betonbank, die ein wenig abseits des Trubels auf dem Platz stand und half ihr beim Hinsetzen. Steinschmidt setzte sich ebenfalls und sah, wie die Hand der jungen Frau stark zitterte, als sie sein Angebot, etwas zu trinken holen zu lassen, mit einem eindringlichen Kopfschütteln ablehnte.

Eine Kindesentführung war Steinschmidt während seiner Dienstzeit noch nicht untergekommen, und er konnte sich auch an keinen ähnlichen Fall erinnern. Er war nicht in der Lage, sich vorzustellen, was sich in der jungen Mutter abspielen musste. In diesem Augenblick hörte er, wie sich eine heulende Sirene näherte. Das Dezernat X war in Anmarsch, endlich könnten sie weitere Schritte einleiten.

Sobald der Wagen auf dem Prerower Platz hielt, stieß Greifenberg die Tür auf, sprang aus dem Wartburg und lief eilig zu dem Major, der neben einer verloren wirkenden Frau auf einer Bank saß. Die beiden Kollegen Schöning und Frenzel mussten sich sehr beeilen, um ihrem Chef hinterherzukommen. Greifenberg schien die Lage auf dem Platz sehr schnell überblickt zu haben und wollte sich nun in die bisherige Ermittlungsarbeit einweisen lassen.

Steinschmidt erhob sich und streckte seine Hand Oberstleutnant Greifenberg entgegen.

»Genosse Steinschmidt, was können Sie zum Tathergang sagen?«

Greifenberg kannte seinen Kollegen aus Hohenschönhausen. Schon des Öfteren hatte er ihm an Schauplätzen des Verbrechens mit seiner sachlichen Art Einblicke in komplexe Umstände geben können. Zudem hatte Steinschmidt immer ein besonderes Gespür für den Umgang mit den Opfern der Verbrechen.

Greifenberg musterte die noch sitzende junge Frau und vermutete, die Mutter des verschwundenen Kindes vor sich zu haben. Sie war blass, und ihre Schultern hingen tief hinunter. In ihren zusammengefalteten Händen ruhte ein feuchtes Taschentuch.

»Frau Gryphius«, Steinschmidt zeigte auf die Mutter, die inzwischen die Ankunft der Dreiergruppe bemerkt hatte, »war im Handelshaus, um eine Tüte Milch zu kaufen, und ließ ihren Sohn für diesen kurzen Augenblick draußen im Kinderwagen zurück. Als sie wiederkam, war ihr Sohn verschwunden. Ihre Beobachtungen und Informationen hat sie bereits zu Protokoll gegeben.«

»Haben Sie den Bereich abgesucht?«

»Selbstverständlich, wir haben den engeren Bereich um den Prerower Platz bereits intensiv abgesucht. Keine Spur. Der Junge ist ein halbes Jahr alt und heißt Harry.«

»Ja, dann müssen wir wohl davon ausgehen, dass jemand unberechtigt das Kind aus dem Wagen genommen hat.«

»Richtig. Wir versuchen gerade festzustellen, ob es Zeugen gibt. Meine Männer sind im Augenblick noch dabei, alle anwesenden Passanten zu befragen. Zudem wurden Mitarbeiter des Handelshauses befragt und der Kinderwagen sichergestellt, um ihn näher auf Spuren untersuchen zu können.«

»Wo ist der Vater des Jungen?«

»Mein Mann ist auf dem Weg«, sagte Sabine Gryphius, während sie sich erhob und Greifenberg nun ebenfalls per Handschlag begrüßte.

»Guten Tag, Frau Gryphius, leben Sie hier in der Umgebung?«

»Seit einem Jahr sind wir in der Barther Straße zu Hause.«

»Mein Kollege Frenzel wird sich um Sie und Ihren Mann kümmern, sobald er da ist. Entschuldigen Sie mich bitte, ich muss mich mit Major Steinschmidt besprechen.«

Er wandte sich um.

»Schöning, gehen Sie bitte zu den Kollegen von der Kriminalpolizei, vielleicht gibt es erste Hinweise.«

Greifenberg hatte so in Windeseile die Zuständigkeiten koordiniert. Er vermutete, dass sich hier ein langwieriger Fall entwickeln würde, wenn sie nicht schnell handelten. In ganz Ostberlin musste entschlossen nach dem Kind gefahndet werden.

Steinschmidt folgte Greifenberg, der sich ein wenig von Frau Gryphius entfernt hatte.

»Was schlagen Sie vor?«

»Zum einen sollten wir alle Straßen und Bahnhöfe besetzen und kontrollieren, um nach unbekannt zu fahnden«, erklärte der Oberstleutnant und überlegte weitere Schritte. »Mit Sicherheit sollten wir uns auch die Medien zunutze machen. Zeitungen, Fernsehen und Handzettel in der engeren und weiteren Umgebung des Tatorts. Wir müssen schnellstens ein Foto von dem Jungen bekommen, um heute Abend schon weitreichend die Öffentlichkeit informieren zu können.«

»Ich kümmere mich darum. Hinweise aus der Bevölkerung werden wir bei uns in der Inspektion sammeln. Haben Sie schon Vermutungen, was den Tathergang angeht?«, fragte Steinschmidt.

»Ich denke, dass wir es mit einem unbekannten Täter, oder einer Täterin, zu tun haben. Die Motivation ist momentan noch absolut unklar. Trotzdem müssen wir auch die Familie überprüfen. Am besten befragen wir die Eltern heute noch einmal in ihrer Wohnung. Möglicherweise stoßen wir auf Verdachtsmomente. Ich werde schnell die Großfahndung veranlassen.«

Steinschmidt nickte und schaute Greifenberg hinterher, der sich zu seinem Einsatzfahrzeug bewegte. Jemand rief seinen Namen, er drehte sich um und ein Kollege winkte ihn zu sich.

Greifenberg setzte sich auf den Beifahrersitz des Wartburgs und griff nach dem Funkgerät. Die Tür des Fahrzeugs stand offen, Greifenbergs Beine hingen halb aus dem Fahrzeug. Er funkte das Polizeipräsidium an, um mit dem Stabschef des Präsidiums Kontakt aufzunehmen. Es knisterte in der Leitung, und das Büro des Stabschefs meldete sich.

»Oberst Krause am Apparat.«

»Hier Oberstleutnant Greifenberg, bitte um sofortige Einleitung einer Großfahndung nach sechs Monate altem Jungen, vermutlich aus einem Kinderwagen am Prerower Platz entführt. Name: Harry Gryphius. Anordnung der Sperrung von sämtlichen Bahnhöfen und Straßen, die aus der Stadt führen.«

»Einverstanden. Ich habe schon von dem Vorfall gehört, Genosse Greifenberg«, antwortete Stabschef Krause. »Ich bin mir sicher, dass die Maßnahmen erfolgversprechend sind. Wir werden alle verfügbaren Einheiten zur Fahndung abstellen. Außerdem werden wir heute einen Helikopter einsetzen.«

Greifenberg runzelte daraufhin die Stirn. Einen Helikopter? Wie sollte der dabei behilflich sein, ein sechs Monate altes Kind zu finden? Schaden würde es jedenfalls nicht, und die Öffentlichkeit würde man sicher auch durch den Helikopter beeindrucken können.

»Ich fahre jetzt zurück ins Präsidium und veranlasse die Einleitung weiterer kriminalpolizeilicher Sofortmaßnahmen. «

»Sehr gut, Greifenberg. Wie ich höre, sind Sie voll und ganz bei der Sache. Viel Erfolg! Auf Wiederhören, Genosse.«

»Vielen Dank. Auf Wiederhören.«

Greifenberg legte das Funkgerät wieder in die Halterung, stieg aus dem Wagen und begab sich zu den Kollegen. Frenzel saß nach wie vor bei Frau Gryphius. Schöning stand mit einem Kollegen der Kriminalpolizei zusammen und wurde von Passanten umringt. Steinschmidt konnte Greifenberg nicht sofort erblicken, doch direkt am Eingang des Handelshauses sah er ihn doch noch. Neben ihm stand eine dunkelhaarige Frau in sportlicher Kleidung.

»Kollege Steinschmidt«, sagte Greifenberg, »ich fahre zurück ins Präsidium und werde eine Einsatzgruppe unter der Leitung von Schöning zusammenstellen. Sie wird Ihnen unter anderem bei der Aufnahme der Hinweise aus der Bevölkerung Unterstützung leisten. Vielleicht brauchen wir dazu einen geeigneten Dienstraum in Hohenschönhausen.«

»Verstanden, Genosse. Hier haben wir übrigens eine Zeugin. Frau Schmidt behauptet, gesehen zu haben, wie sich eine Person auf sehr eigenartige Weise und unter unsicheren Schulterblicken mehreren Kinderwagen vor dem Handelshaus genähert hat.«

»Sehr interessant.«

Greifenberg nickte anerkennend Frau Schmidt zu und fragte:

»Könnten Sie uns helfen, ein Phantombild zu erstellen?«

»Ich glaube nicht«, sagte die schüchterne Frau entschuldigend. »Ich habe die Person auch nur aus dem Augenwinkel gesehen und leider nicht weiter beachtet. Ich dachte aber, dass ich es zumindest melden sollte.«

»Wie gesagt: Sehr gut, es könnte sehr wichtig sein. Ich mache mich auf den Weg. Major Steinschmidt, vereinbaren Sie noch einen Besuch bei Familie Gryphius und informieren mich, bitte!«

Als Steinschmidt bestätigt hatte, ließ Greifenberg die beiden stehen, winkte seine beiden Kollegen zu sich und ging zum Wartburg. Es war eine heikle Angelegenheit, hoffentlich griffen die Maßnahmen noch heute. Je länger es dauern würde, umso unwahrscheinlicher würde das Auffinden des Kindes werden.

Eine neue Familie?

Bahnhof Lichtenberg, fünf Tage später: Die Anzeigentafel am Gleis drei ratterte und wurde auf den kommenden Zug eingestellt. Am gegenüberliegenden Gleis stieg gerade ein Schaffner in blauer Uniform auf einen Zug in Richtung Eisenhüttenstadt auf. Die schwere Diesellok setzte sich in Bewegung. Sarah guckte ihr hinterher. Sie trug ein strahlendes Lächeln mit sich, das immer breiter wurde, wenn sie ihren Sohn Anton anschaute. Einige Menschen hatten sich nach ihr umgedreht, so außergewöhnlich fröhlich schien diese junge Mutter zu sein, die sich allein auf den Bahnhof begeben hatte. Sarah schwebte wie auf Wolke sieben und nahm die Blicke ihrer Mitmenschen überhaupt nicht wahr.

Gedankenverloren ließ Sarah das letzte Jahr Revue passieren: Sie täuschte Rodrigo eine Schwangerschaft vor. Sie wollte ihn nicht verlieren und hoffte, ihn mit dieser Lüge an sich zu binden. Sie hatten sich monatelang nicht gesehen, denn er war für längere Zeit in Kuba, seiner Heimat, und die Verbindung zwischen ihnen war sehr lose geworden. Aber wenn er jetzt seinen Sohn sehen konnte, würde sicher wieder alles in Ordnung kommen. Der bevorstehende Besuch bei Rodrigo brachte ihr Herz in Wallung. Rodrigo war als Student aus Kuba in die DDR gekommen und arbeitete inzwischen als Ingenieur in Bautzen. Ihre bisherige Beziehung war alles andere als einfach und sicher gewesen, doch jetzt konnte Sarah ihre Freude über ihr gemeinsames Kind mit Rodrigo teilen.

Plötzlich setzte ein lautes quietschendes Geräusch ein. Metall auf Metall, eine weitere massive Lok zog einen Zug mit sechs Waggons an Gleis drei. Sarah erschreckte sich kurz, sie hatte ihre Umgebung komplett vergessen und manövrierte nun den hellen Kinderwagen in Richtung des haltenden Zuges. Sie versicherte sich kurz noch einmal und blickte auf die Anzeigetafel, die Dresden als Ziel zeigte. Sie lächelte zufrieden und schob den Wagen zu einer Tür. Ein junger Mann mit Aktentasche stand auf einmal neben ihr und fragte, ob er ihr helfen könne. Sarah bestätigte mit strahlenden blauen Augen und stemmte den Wagen am Griff hoch, während der junge Mann vorn anfasste und den Kinderwagen die Stufen hochdirigierte. Sobald der Wagen sicher im Waggon stand, nickte der Mann ihr freundlich zu und wünschte ihr eine gute Reise. Sarah erwiderte den Wunsch, nahm Anton aus dem Kinderwagen, griff nach ihrer Tasche und setzte sich in das nächstgelegene, leere Abteil. Anton sah seine vermeintliche Mutter mit großen Augen an, als sie sich an das Fenster setzte, und ließ sich ein wenig von ihr unterhalten. Der Zug fuhr los. Schon bald zog das grüne Berliner Umland wie in einem Rausch an Sarah vorbei.

In der Barthstraße, Hohenschönhausen

Es klingelte an der Tür von Familie Gryphius. Reinhold Gryphius ging mit schwerem Schritt zur Wohnungstür, um sie zu öffnen. Er hatte gerade mit Sabine im Wohnzimmer gesessen und eine Kleinigkeit gegessen, obwohl es beiden sehr schwergefallen war. Sie standen beide unter Schock und konnten sich nicht erklären, wer ihnen Harry weggenommen hatte – und vor allem nicht: warum? Sie hatten doch niemandem etwas getan, waren ehrliche Menschen, die sich über ihre kleine, beschauliche Existenz freuten. Wer wollte da ihr Glück zerstören?

Nachdem Reinhold Gryphius die Tür geöffnet hatte, traten Oberstleutnant Greifenberg und Major Steinschmidt ein, die sich vorher schon angekündigt hatten. Anscheinend gab es noch Dinge zu besprechen. Gryphius führte die beiden Männer in das Wohnzimmer. Seine Frau erhob sich und sah die beiden erwartungsvoll an, in der Hoffnung, sie würden ihr ihren Sohn zurückbringen. Nachdem Greifenberg nur kurz mit dem Kopf schüttelte, reichte sie den beiden enttäuscht die Hand und bot ihnen etwas zu trinken an. Greifenberg lehnte ab, doch Steinschmidt ließ sich zu einem Kaffee überreden. Frau Gryphius verschwand in der Küche, und die drei Männer standen ein wenig unbeholfen im Zimmer. Durch das Fenster sah man den großen Hof des Plattenbaus. Die Sonne strahlte noch immer.

Gryphius brach die unangenehme Stille.

»Bitte setzen Sie sich doch, meine Herren.«

Beide leisteten der Aufforderung Folge und setzten sich auf das braune Cordsofa.

»Vielen Dank, Herr Gryphius. Wir müssen Ihnen noch einige Fragen stellen, um uns ein vollständiges Bild von den Umständen des Verschwindens Ihres Sohnes machen zu können. Verzeihen Sie bitte, falls die Fragen ein wenig unangenehm sind«, erklärte Greifenberg sich vorsichtig vortastend.

»Dafür haben wir natürlich Verständnis, Herr Oberstleutnant«, antwortete Gryphius in dem Augenblick, als seine Frau mit einer Tasse Kaffee und einer Milchkanne das Wohnzimmer wieder betrat.

Frau Gryphius hatte sich in der Zwischenzeit offensichtlich wieder gefangen und fragte:

»Wie können wir Ihnen denn behilflich sein?«

»Wie ist das Verhältnis Ihrer näheren Verwandtschaft zu

Ihnen? Geschwister, Eltern, Großeltern, Tanten und On-
kel?«, eröffnete Greifenberg die Befragung.

Herr Gryphius fühlte sich sofort angesprochen und antwortete frei und sicher.

»Wir haben ein rundum gutes Verhältnis zu unserer Verwandtschaft. Einige leben weiter weg, also in Greifswald,
Hoyerswerda, und einige andere hier in Berlin. Bis auf meinen Bruder, der in Warschau arbeitet, haben auch alle uns
Nahestehenden Harry bereits gesehen.«

»Ja, die Freude war groß in der Familie. Es ist das erste
Enkelkind auf beiden Seiten«, ergänzte Sabine Gryphius,
die sich offensichtlich bereits viele Gedanken gemacht hatte,
aber auf nichts Verdächtiges gestoßen war.

»Und Sie haben regelmäßig Kontakt zu allen Verwandten?
Wer kennt das Kind denn am besten?«, fragte Greifenberg.

»Na ja, wie das halt so ist. Man spricht alle paar Monate
mal mit den Tanten und Onkeln und regelmäßiger mit den
Eltern und Geschwistern. Meine Eltern in Lichtenberg ken-
nen Harry am besten, oder was würdest du sagen, Sabine?«

»Mit Sicherheit, ja. Meine Mutter lebt in Greifswald und
war bisher zweimal zu Besuch, um Harry zu sehen«, bestätigte die Angesprochene.

»Wie geht es Ihnen finanziell? Hat einer von Ihnen irgendwelche teuren Hobbys?«

»Gut geht es uns, wir haben alles, was wir brauchen, wie
Sie sehen. Und Harry hat uns so viel Freude bereitet«, sagte
Sabine Gryphius und unterdrückte ein Schluchzen.

»Wenn Sie Kegeln nicht als finanziell aufwendiges Hob-
by ansehen, dann nein«, fügte Reinhold Gryphius hinzu,
dessen Verständnis für die Fragen der beiden Kriminalisten
langsam abnahm.

Greifenberg und Steinschmidt stellten noch weitere Fragen, unter anderem auch, um Hinweise auf die Beziehung
des jungen Paares zu erhalten. Doch letztlich erhielten sie

Wer kann Hinweise geben?

Am 23. 09. 1988 gegen 13.20 Uhr wurde aus einem vor dem Handelshaus am Prerower Platz in Berlin-Hohenschönhausen abgestellten
Kinderwagen der abgebildete Säugling entnommen.

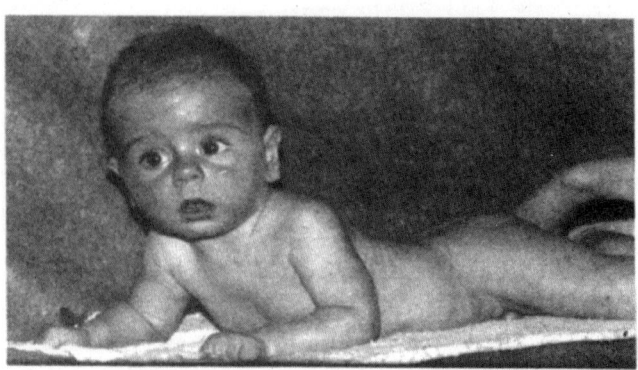

Beschreibung des Säuglings

Männlich, geboren am 09. 05. 1988, 70 cm groß, dünnes dunkel-
braunes Haar, blaugraue Augen, Leberfleck seitlich über linkem
Knie, etwa 2 - 3 mm Durchmesser.

Bekleidung zur Tatzeit

- Weiß-hellblau quergestreifter (5 mm) Samtstrampler, vorn
  delphingrau und hellblau abgesetzt, mit Ball (weiß-rot)

- selbstgestrickter langärmliger Pullover, Mischwolle, erikafar-
  ben

Handzettel – Fahndungsfoto

nur Bestätigung für das Bild, das sie von Anfang an vermittelt bekommen hatten. Es handelte sich um eine glückliche, kleine Familie, der unvermittelt Schaden zugefügt worden war. Greifenberg entschied sich zu gehen. Steinschmidt wollte noch bleiben, um der Familie ein wenig Beistand zu leisten. Von einem Psychologen wollten die beiden Kriminalisten zunächst Abstand nehmen.

»Vielen Dank für Ihre Geduld. Wir wissen das sehr zu schätzen. Haben Sie vielleicht ein Foto von Harry, das wir für die weitere Fahndung verwenden können?«, sagte Greifenberg, während er sich vom Sofa erhob.

»Natürlich, ich habe schon eins rausgesucht«, sagte Sabine Gryphius und reichte ein kleines Bild in Schwarzweiß.

Greifenberg begutachtete das Foto und nickte zufrieden.

»Im Übrigen kann ich Ihnen noch mitteilen, dass die Fahndung nach Ihrem Sohn auf Hochtouren läuft. Sowohl Helikopter als auch mehrere Hundertschaften unserer Kollegen sind im Einsatz. In Ihrem Wohngebiet setzen wir auch Funkwagen mit Lautsprecherdurchsagen für die Fahndung ein. Wir versuchen alles in unserer Macht Stehende«, erklärte Greifenberg, um noch einmal beruhigende Worte für die Eltern zu finden, und verabschiedete sich.

Kleinstadtidylle

Rodrigo hatte sich von einem Kollegen von der Baustelle in die Innenstadt mitnehmen lassen und ging nun über die alte Spreebrücke stadtauswärts in Richtung seiner Wohnung. Er blieb kurz in der Mitte der Brücke stehen, holte sich ein letztes Brot aus dem Rucksack und biss herzhaft hinein. Wegen des Blicks auf die Bautzener Altstadt ging er so gern zu Fuß über die Brücke und ließ seine Gedanken fliegen. Keineswegs hätte er sich vor fünf Jahren denken können, dass er einmal in einer ostdeutschen Kleinstadt leben würde, um dort sein tägliches Brot zu verdienen. Doch es war alles anders gekommen als geplant. Sein Institut in Havanna hatte ihm einen Austausch angeboten, und er ließ nicht lange mit einer Antwort auf sich warten. Die DDR, der stolze sozialistische Bruder in Europa. Rodrigo musste immer ein wenig lächeln, wenn er an die blumigen Worte dachte, mit denen seine Kollegen am Institut ihm den Aufenthalt in der DDR schmackhaft machen wollten. In der Realität sah es auch hier ein wenig anders aus, doch er fühlte sich wohl, und das war die Hauptsache.

Rodrigo steckte sich eine Zigarette an, blickte auf die Spree, die hier so bedächtig unter dem Berg floss, und freute sich über sein beschauliches Leben in der Provinz. Er setzte sich wieder in Bewegung und begab sich zurück zu seiner Zweizimmerwohnung, die kurz hinter der Brücke in einem Mehrfamilienhaus lag. Er ging die Treppen hinauf, schloss seine Tür auf, entledigte sich seiner schweren Arbeitsschuhe und ließ sich auf sein Sofa fallen. Seine Augen schlossen sich langsam.

Einige Minuten später klingelte es an Rodrigos Wohnungstür, überrascht fuhr er auf und fragte sich, wer das wohl sein könnte. Er schaute verschlafen durch den Türspion, glaubte kaum, wen er dort sah, und riss die Tür behänd auf.

»Mensch, Sarah, unglaublich. Was machst du denn hier?«

»Ich dachte, ich überrasche dich. Es ist schon so lange her, dass wir uns gesehen haben, und ich habe dich vermisst.«

Rodrigo zog die blonde Frau an sich, umarmte und küsste sie. Als sie kurz innehielten, schauten sie sich schüchtern an. Rodrigo lächelte und guckte an Sarah vorbei und sagte:

»Und schau, wen du mitgebracht hast. Antonio!«, sagte Rodrigo, schob die Blende des Kinderwagens hinunter und begutachtete seinen kleinen Sohn. »Wie groß er schon ist«, sagte er erstaunt zu Sarah gewandt und guckte sie begeistert an.

Anton wachte wegen der plötzlichen Aufregung auf und blickte in die braunen Augen »seines Vaters«. Rodrigo hob Anton ganz sachte aus dem Kinderwagen und ging zu Sarah, der die Freude von Vater und Sohn so nah ging, dass ihr Tränen in die Augen traten.

»Mein Sohn und meine Frau. Wie toll, dass ihr da seid!«

Er führte die beiden in seine bescheidene Wohnung, sorgte dafür, dass sich Sarah wie zu Hause fühlte, und setzte sich neben sie. Mit einem breiten Grinsen und dem Kind auf dem Arm sah er Sarah verliebt an, die ihr Glück kaum fassen konnte. Diese Überraschung war ihr gelungen.

Schivelbeiner Straße, Prenzlauer Berg

Die Haustür klemmte heute schon wieder, und Frau Köhnke versuchte, mit ihrem Körper so viel Kraft wie möglich aufzubringen, um in den Hausflur zu gelangen. Beim dritten Versuch schaffte sie es endlich und stolperte leicht über die Türschwelle, die Tür schlug daraufhin gegen die Wand und vergrößerte die Delle auf der Höhe der Türklinke. Frau Köhnke erschrak, als ihr die Tür wieder entgegenkam, und machte einen großen Schritt in Richtung Treppenhaus. Immer wieder hatte sie ihre Nachbarn und auch die Wohnungsverwaltung darum gebeten, sich um die Tür zu kümmern, doch niemand fühlte sich verantwortlich. Nach und nach wurde ihre nähere Umgebung immer trostloser, und die alten Mieter, mit denen sie so gern hier gewohnt hatte, zogen entweder in die Neubaugebiete oder verabschiedeten sich in die ewige Ruhe. Mit ihren 81 Jahren war Frau Köhnke die älteste Bewohnerin des Hauses. Sie wohnte im zweiten Obergeschoss, rechts von ihr und gegenüber lagen zwei weitere Wohnungen.

Frau Köhnke hangelte sich am Geländer nach oben, in ihrer linken Hand trug sie ein schweres Einkaufsnetz. Sie hörte, wie im obersten Geschoss des Hauses die Kinder mal wieder wie wild tobten. Unerhört fand sie das, des Öfteren hatte sie schon nach oben gehen müssen, um um Ruhe zu bitten. Verständnisvoll guckte man sie an, doch lange hielt die Ruhe nie. Frau Köhnke schüttelte ihren Kopf und öffnete ihre Wohnungstür.

Ihre Wohnzimmeruhr vermeldete gerade, dass es 18 Uhr war. Frau Köhnke schlüpfte aus ihren Straßenschuhen in die gemütlichen Pantoffeln und bewegte sich in die Küche. Für sie war es jetzt Zeit, einen Tee zu genießen. Sie legte ihren Stoffbeutel auf der Küchenbank ab und holte den gerade erstandenen Kräutertee hervor. Sie setzte Wasser auf den Herd und während sie wartete, leerte sie das Netz und schaltete das Radio ein. Nachrichten. Sie drehte die Lautstärke hoch.

»… sagte der Stabschef des Polizeipräsidiums. Bei dem vermissten Jungen handelt es sich um einen sechs Monate alten Säugling, der in Hohenschönhausen vor dem Handelshaus am Prerower Platz aus seinem Kinderwagen verschwand.«

»Ach du meine Güte«, entfuhr es der alten Dame. Wie ertappt hob sie schnell ihre Hand vor den Mund und spitzte die Ohren.

»Die Polizei bittet alle Bürger um Mithilfe. Sollte Ihnen etwas in Ihrer Nachbarschaft auffallen oder sollten Sie möglicherweise verdächtige Beobachtungen gemacht haben, melden Sie sich bitte bei Ihrer zuständigen Volkspolizeidienststelle oder jeder anderen Dienststelle der Deutschen Volkspolizei.«

Eifrig notierte sich Frau Köhnke die in der weiteren Nachricht enthaltenen Telefonnummern auf den Küchenblock.

Was war nur mit ihren Mitmenschen geschehen, fragte sie sich und schaltete das Radio aus. Der Wasserkessel zischte, und Frau Köhnke goss sich ihren Tee auf.

In der sechsten Etage des Polizeipräsidiums

Greifenberg saß grübelnd hinter seinem Schreibtisch. Er hatte nicht erwartet, dass der Tag so aufregend sein würde. Hin und her war er mit seinen Kollegen gefahren, bisher aber blieben Fahndungsergebnisse aus. Alle verfügbaren Einheiten waren im Einsatz und würden auch noch für einige Stunden bereitstehen. Von der Aktivität der Ermittlungsarbeit her war alles in Ordnung, die Polizei befand sich am Rande ihrer Möglichkeiten. Jetzt hieß es bedauerlicherweise stillhalten, auch wenn es noch so schwer war. Greifenberg hatte in all den Jahren gelernt, dass auch das eine Fähigkeit war, die man sich als Kriminalist aneignen musste. Geduld. Inzwischen kam er damit ganz gut klar, einige von den jüngeren Kollegen waren hingegen noch richtige Heißsporne, wie er es selbst einmal gewesen war.

Greifenberg schmunzelte in sich hinein, als er an einige Episoden zurückdachte, bei denen er sich nicht gerade durch Geduld ausgezeichnet hatte. Doch sein Gespür und seine Ermittlungserfolge hatten dafür gesorgt, dass er höchstens mit einem blauen Auge davonkam. Außerdem war ihm der Leiter der Kriminalpolizei des Präsidiums oft eine große Stütze, sie hatten ein gutes Verhältnis, er hielt Greifenberg häufig den Rücken frei. Manchmal handelte Greifenberg unorthodox und geriet so gern einmal mit Vertretern anderer Dezernate oder Dienststellen aneinander, doch der Leiter der Kriminalpolizei wusste schon, wie er damit umzugehen hatte.

Nun befand sich Greifenberg wieder in einer Situation, in der Geduld angebracht war, und musste akzeptieren, dass ihn sämtliche Gedankenspiele und Erinnerungen hier nicht weiterbrachten. Er konnte ruhigen Gewissens nach Hause gehen und sich dort ein wenig entspannen, bevor am nächsten Tag auf neueste Erkenntnisse reagiert werden musste.

14 lange Tage später

14 Tage ohne konkrete Täterhinweise!
14 Tage Ungewissheit über das Schicksal des Kindes!
14 Tage und Nächte banges Warten und Hoffen der Eltern!
Dann endlich: ein Hinweis aus Prenzlauer Berg, Schivelbeiner Straße. Eine ältere Dame hatte die Volkspolizei, nämlich ihren Abschnittsbevollmächtigten (ABV), verständigt und etwas Merkwürdiges gemeldet: Seit zwei Tagen sei die junge Frau Berger aus dem dritten Stock wieder zu Hause und hat ein Baby, obwohl man ihr die Schwangerschaft zuvor nicht angesehen hatte und sie in den Nachbarschaftsgesprächen, auf der Straße oder im Wohnhaus, nie eine bevorstehende Entbindung erwähnte. Der Name der Hinweisgeberin: Frau Köhnke.

Frau Köhnke war verunsichert gewesen. Die nette Frau B. eine Kindesentführerin? Eigentlich undenkbar! Sollte sie Frau B. ansprechen? Oder kann sie der Polizei einen derartig schweren Verdacht mitteilen, ohne konkret zu wissen, wie Frau B. zu dem Baby gekommen ist? Vielleicht gehört das Baby zur Verwandtschaft oder zum Freundeskreis? Ihre Entscheidung fiel auf der Straße. Sie begegnete dem ihr bekannten und für ihr Wohngebiet zuständigen ABV. Zögerlich sprach sie ihn an.

Trotz der unkonkreten Angaben war der ABV sofort hell-wach, denn auch er kannte Frau B. und hatte vor kurzer Zeit mit ihr dienstlich zu tun. Dabei ging es um eine geringfügi-ge Diebstahlshandlung – und bei diesem Aufeinandertref-fen vor 14 Tagen war bei Frau B. von einer Schwangerschaft nichts zu erkennen gewesen.

Jetzt ging alles sehr schnell und routiniert. Eine Funkwa-genbesatzung, bestehend aus zwei Polizisten, überprüfte vor Ort, das heißt in der Wohnung von Frau B. den Verdacht. Die Verdächtige verweigerte sämtliche Angaben zur Her-kunft des Babys. Dann aber brach sie in Tränen aus, was den Verdacht der Schutzpolizisten nur verstärkte. Sie verstän-digten die Kriminalpolizei Prenzlauer Berg, die wiederum sofort das Dezernat X des Präsidiums in Kenntnis setzte. Das geschah zwar bereits nach Dienstschluss, aber in den letzten Wochen hatte es überhaupt kein normales Dienst-ende gegeben, so dass der Dezernatsleiter und zwei weitere Mitarbeiter sofort nach Prenzlauer Berg fuhren.

Frau B. war zu diesem Zeitpunkt bereits vorläufig festge-nommen, das Baby in Obhut genommen und dessen Eltern Sabine und Reinhold Gryphius verständigt worden. Kurz vor dem Eintreffen der Kollegen des Dezernats X hatte Frau B. die Entführung des Babys gestanden. Allen beteiligten Po-lizisten fiel eine riesige Last von der Schulter. Dem Leiter der Kriminalpolizei Hohenschönhausen oblag schließlich die dankbare Aufgabe, den Eltern kurze Zeit später das Baby, nach erfolgter gründlicher ärztlicher Untersuchung, zu übergeben. Niemand konnte glücklicher sein! Und das Dezernat X konnte sich nun wieder konzentriert den noch ungelösten Verbrechen widmen.

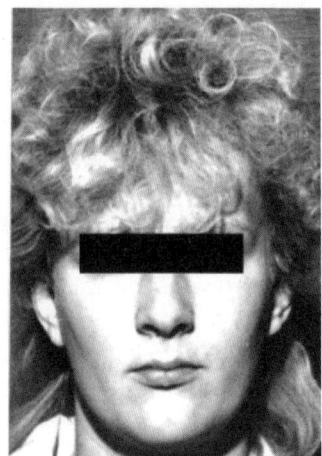

Phantombild und Täterfoto

Epilog

Frau B. wurde nach erfolgter Beschuldigtenvernehmung in die Untersuchungshaft überführt. Nach weiteren Vernehmungen wurde sie psychiatrisch untersucht und begutachtet. Motiv der Tat: Frau B. hatte die Absicht, durch diese Entführung ihren Geliebten, einen kubanischen Ingenieur aus Bautzen, durch eine angebliche Schwangerschaft und Geburt eines gemeinsamen Kindes an sich zu binden. Gerichtsurteil: ein Jahr und acht Monate Freiheitsentzug sowie eine Therapie. Man hatte bei der Täterin eine verminderte Schuldfähigkeit festgestellt.

Durch einfache polizeiliche Methoden – konkrete, umfassende Fahndung – konnte mit Hilfe der Bevölkerung eine schwere Straftat aufgeklärt werden. Ein Umstand muss dabei unbedingt noch erwähnt werden. Frau Schmidt, die Zeugin vom Prerower Platz, die sich bei der Kriminalpolizei meldete und nach deren Angaben ein Phantombild angefertigt wurde, war eine großartige Beobachterin. Ohne zu ahnen, was gerade passierte – nämlich die Entführung eines Kindes –, konnte sie die unbekannte Frau hervorragend beschreiben. Eine Sekundenbegegnung! Dezernatsleiter Bernhard Greifenberg und seinen Mitarbeitern wurde so eine weitere kriminalistische Erfahrung bestätigt: Im Zusammenhang mit Personenbeschreibungen sind Frauen hervorragende Beobachterinnen.

Festnahme im Tageskino

Ein herrlicher Frühlingstag im April 1970. Ich spurtete aus der U-Bahnstation Senefelderplatz, schräg gegenüber der Inspektion Prenzlauer Berg. Damals war ich noch in der einjährigen Kriminalassistenten-Ausbildung: sechs Monate kaserniert in Potsdam, sechs Monate Praktikum bei der Kriminalpolizei Berlin-Mitte, Berlin-Prenzlauer Berg. Die Zeit in Potsdam hatte ich schon hinter mich gebracht, jetzt befand ich mich im Praktikum. Und ich war ziemlich knapp dran an jenem Tag.

Gerade noch pünktlich zum Dienstbeginn betrat ich das Büro, das ich mit meinem Kollegen Klaus S. teilte. Klaus war ebenfalls noch in der Assistentenausbildung. In Potsdam lagen wir auf einem Zimmer. Wir kannten uns also ziemlich gut. Seine Begrüßungsworte: »Mann, Bernhard, kannst du nicht einmal pünktlich sein?! Wir sollen sofort zum Ausbilder – Einsatz!« Oberleutnant Haufschild, unser Betreuer und Ausbilder während des Praktikums, verteilte die täglichen Aufgaben. Klaus und ich wurden zur Tatortarbeit eingeteilt. Wohnungseinbruch durch unbekannte Täter in der Gleimstraße.

Ich muss vorausschicken, dass jeder kriminalistische Sachverhalt für uns interessant und lehrreich war. Am Tatort in der Gleimstraße konnten wir zeigen, was wir schon in Sachen Spurensuche gelernt hatten. Unter Anleitung des Kriminaltechnikers sicherten wir daktyloskopische Spuren, also Fingerabdrücke, und Werkzeugspuren an der aufgebrochenen Wohnungstür. Nach Beendigung der Tatortarbeit fuhren wir zur Inspektion zurück und mussten die Ergebnisse der Tatortarbeit protokollieren. Auch das gehörte zum Ausbildungsprogramm.

Nach dem Tatorteinsatz gab es einen aktuellen Auftrag. Ein unbekannter Täter hatte ein zehnjähriges Mädchen in einem Hauskeller in der Schönhauser Allee unsittlich belästigt. Das Mädchen war ziemlich schnell mit ihrer Mutter zur Kriminalpolizei gekommen und hatte Anzeige erstattet. Während der Befragung des Mädchens hatten die Kriminalisten einen Hinweis bekommen. Der Täter, der sich sehr intensiv mit dem Mädchen unterhalten hatte, wollte sie dazu überreden, mit ihm in das Tageskino »Skala« in der Schönhauser Allee zu gehen und dort einen Spielfilm anzusehen. Dazu war es aber nicht mehr gekommen.

Das Kino »Skala-Lichtspiele«, gelegen an einer der Hauptverkehrsadern in Prenzlauer Berg, war eine alteingesessene Institution im Bezirk. Es bestand bereits seit 1922. Die goldenen Jahre der Lichtspielhäuser. Allerdings sollten die Tage des Kinos schon bald gezählt sein, als wir 1970 zu Ermittlungen dorthin geschickt wurden: Nur fünf Jahre später schloss es seine Türen und Vorhänge für immer. Seit 1999 steht an selbiger Stelle ein großes Einkaufszentrum, das nach der Schönhauser Allee benannt ist.

Um etwa 13 Uhr erhielten Klaus und ich den Auftrag, sofort das Kino aufzusuchen und zu überprüfen, ob der Täter eventuell sein Vorhaben, in das Kino zu gehen, verwirklicht hatte. Die Mutter des Mädchens war damit einverstanden, dass uns die Tochter begleitete. Sie konnte schließlich den Täter konkret identifizieren. Wir bekamen einen Funkwagen mit zwei Polizisten zur Unterstützung. Ich glaube, die Kriminalisten erteilten uns den Auftrag bestimmt deshalb, weil sie damit rechneten, dass der Täter höchstwahrscheinlich nicht das Kino besuchen würde.

Ehemalige Volkspolizeiinspektion Prenzlauer Berg

Das ehemalige Kino »Skala« an der Schönhauser Allee

Am Kino angekommen, mussten wir feststellen, dass der Spielfilm schon vor mindestens einer halben Stunde begonnen hatte. Was sollten wir tun? Warten, bis der Film zu Ende war? Im dunklen Kino nach dem Täter suchen? Ich war der Meinung, dass wir die Filmvorführung unterbrechen lassen und mit dem Mädchen die Besucher überprüfen müssten. Klaus war gar nicht damit einverstanden, wäre das doch eine sehr einschneidende Maßnahme gewesen. Schließlich konnte ich Klaus überzeugen. Wir postierten die Schutzpolizisten am einzigen Ausgang des Kinos und gingen zum Kinovorführer. Wir erklärten die Situation und stellten unsere Forderung. Natürlich war der Vorführer nicht begeistert, aber dann unterbrach er den Film, und das Licht im Kinosaal wurde eingeschaltet.

Sitzreihe für Sitzreihe gingen wir mit dem Mädchen durch. Plötzlich schrie sie auf:

»Da ist der Mann!«

Tatsächlich, wir hatten den Verdächtigen, und neben ihm saß ein neues, ahnungsloses Opfer. Ein Mädchen etwa im Alter unserer jungen Kronzeugin. Der Verdächtige hatte sie nach der Begegnung mit unserer Zeugin angesprochen und mit in die Kinovorstellung genommen. Wir nahmen den Mann fest. Er protestierte heftig, aber schließlich gab die Anwesenheit unserer kleinen Zeugin den Ausschlag, und er sah die Zwecklosigkeit ein. Zu fünft verließen wir nun das Kino. Die Funkwagenbesatzung übernahm den Verdächtigen und fuhr zur Inspektion, wir fuhren mit den beiden Mädchen mit der U-Bahn bis zum Senefelderplatz. Das waren vom Kino aus nur zwei Stationen auf der hier überirdisch geführten Trasse, einer der ältesten U-Bahnstrecken Berlins, die schon 1913 eröffnet worden war.

Die erfahrenen Kriminalisten staunten nicht schlecht über unseren Fahndungserfolg. Es gab Lob und Anerkennung. Allerdings nicht bei allen. Mit der Unterbrechung der

Filmveranstaltung waren wir wohl etwas übers Ziel hinaus-
geschossen, schließlich sollten die Werktätigen ja in Ruhe
ihre Freizeit genießen dürfen. Na ja, wir waren jedenfalls
sehr zufrieden. Und unser Ausbilder auch.

Beischlafdiebstahl oder das verräterische Tattoo

1970, Berlin-Buch, Polizeirevier 285. Voller Erwartung betrat ich gegen 8 Uhr das Kriminalbüro im Revier 285. Meine Kriminalassistenten-Ausbildung war erfolgreich beendet, und ich wollte nun mein Wissen im kriminalistischen Alltag umsetzen und vervollkommnen. Die ersten drei Tage waren für mich allerdings sehr ernüchternd. Statt Kriminalfälle zu bearbeiten, schickte mich der Revierkriminalist Leutnant Hans K. auf die Straße. Das heißt, er forderte mich auf, unseren gesamten Revierbereich zu Fuß abzugehen.

Volkspolizeirevier 285, Berlin-Buch (Erdgeschoss)

Der Ortsteil Buch liegt ganz im Norden der Stadt. Dort, wo der kleine Fluss Panke vom nordöstlich von Berlin gelegenen Barnim kommend ins Stadtgebiet fließt, um im Wedding in die Spree zu müden. Buch ist seit der Jahrhundertwende Standort medizinischer Einrichtungen. Als ich im dortigen Revier meinen Dienst versah, war der Ortsteil einer der bedeutendsten Krankenhausstandorte Ostberlins und beherbergte neben etwa 5000 Krankenhausbetten auch das medizinische Forschungszentrum namens Robert-Rössle-Klinik. Viel älter ist der Schlosspark in Buch, der auf das 17. Jahrhundert zurückgeht. Später wurde der von kleinen Wasserläufen sowie der Panke und historischen Wegen durchzogene Schlosspark zu einem öffentlichen Park, den ich damals gern besuchte.

Ich war enttäuscht, dass ich als erwartungsfroher junger Polizist nichts Wichtigeres machen sollte, als das Revier fußläufig zu erkunden. Und ich war auch verblüfft, denn genug zu bearbeitende Anzeigen lagen auf dem Tisch. Der Sinn der Aufgabenstellung wurde mir aber ziemlich schnell klar. Ich sollte Straßen, Wege und Struktur des Revierbereichs kennenlernen, um bei der Bearbeitung der Anzeigen Tatorte schneller geographisch einordnen und auch Entfernungsverhältnisse besser erfassen zu können. Mit derartigen Kenntnissen ausgestattet, waren Angaben von Zeugen, Opfern und Verdächtigen bezüglich der Glaubwürdigkeit besser überprüfbar. Eine Methode, die sich in der Folge bei der täglichen Ermittlungsarbeit als wertvoll erwies.

Später, bei vielen kriminalistischen Handlungen, war ich immer noch dankbar für die Hinweise von Hans »Hanne« K. Ich beobachtete ihn natürlich auch im täglichen Dienst – bei der Anzeigenaufnahme, bei der Tatortarbeit, bei den Befragungen und Vernehmungen von Zeugen und Verdächtigen. Hans war ein sehr guter Lehrmeister. Er sparte mit Lob, aber nicht mit kritischen Bemerkungen. Und das war gut so.

Auf einer Revierkriminalstelle wurden damals nur Anzeigen mit unbekannten Tätern bearbeitet. Der oder die Täter mussten also ermittelt werden, egal welches Delikt zur Anzeige kam. Ausgenommen natürlich Verbrechen und andere schwere Straftaten wie Mord, Totschlag, schwere Brandstiftungen und so weiter. Derartige Verbrechen wurden im Polizeipräsidium am Alexanderplatz untersucht und bearbeitet. So wurden also von den Revierkriminalisten Delikte vom Fahrraddiebstahl über Körperverletzungen und Einbrüche bis hin zu Sexualdelikten bearbeitet. War der Täter ermittelt, übernahm das Verfahren ein Kommissariat in der zuständigen Inspektion. Für Buch war dies die Inspektion Pankow.

Die Revierkriminalstelle Berlin-Buch war damals mit zwei Kriminalisten besetzt, nämlich Hans K. und Berndt M., also mir, und war zuständig für die Ortsteile Buch, Karow, Blankenburg und das Waldgebiet Bucher Forst. Der größte Kriminalitätsschwerpunkt befand sich allerdings im Bucher Zentrum: die Krankenhausbereiche I bis V und die Robert-Rössle-Klinik. Jeden Tag gab es in diesen Bereichen starken Publikumsverkehr. Und es waren nicht nur besorgte Angehörige von Patienten, die hier aufkreuzten. Da gab es die unterschiedlichsten Vorkommnisse. Diebstähle aus Kranken- oder Personalzimmern, Einbrüche in Wohnungen von Ärzten und Krankenhauspersonal, Diebstähle von Werkzeug von Handwerksfirmen, die in den Krankenhausbereichen ständig arbeiteten und vieles mehr.

Nach der gründlichen Einweisung in die spezifischen Probleme des Revierbereichs durch meinen Lehrmeister Hans K. stellte er mir unsere Dienstfahrzeuge vor: ein Moped »Schwalbe« und ein Fahrrad. Ich war begeistert ... Mit dem Moped war ich ja irgendwie noch einverstanden – aber ein Fahrrad? Nein, danke! Ich gehörte schon zu jener

Motorroller »Schwalbe«

Eingang Hufeland-Krankenhaus

jüngeren Generation der Kriminalisten und war tatsächlich so arrogant zu glauben, stets auf das Fahrrad bei meiner Arbeit verzichten zu dürfen und zu können. Pkw konnten seinerzeit bei der Inspektion nur bei besonderen Anlässen angefordert werden: bei Festnahmen oder Ermittlungen außerhalb Berlins, wie zum Beispiel im Bereich Bernau.

Die »Schwalbe«, ein Kleinkraftrad aus dem Fahrzeug- und Jagdwaffenwerk »Ernst Thälmann«, war ein legendäres und sehr verbreitetes Gefährt in der DDR, was ich damals nicht so zu schätzen wusste. Von dem Zweitakter mit einer Höchstgeschwindigkeit vom 60 Kilometern pro Stunde wurden im thüringischen Suhl über eine Million Stück hergestellt. Aufgrund ihrer Wartungsfreundlichkeit war die »Schwalbe« auch bei Bastlern sehr beliebt und hat bis heute viele Fans. Ich dagegen hatte damals dennoch lieber einen Dienst-Pkw zur Verfügung gehabt.

Nach den geschilderten Einweisungen und meiner Enttäuschung über die fahrtechnische Ausrüstung begann mein Revieralltag. Anzeigenaufnahme, natürlich mit Schreibmaschine (einem Modell von Rheinmetall aus der Nachkriegszeit), Tatortbearbeitung, Fahndungen einleiten, Ermittlungen in den Tatortbereichen und noch mehr.

Noch in der ersten Woche meines Dienstes in Berlin-Buch ereignete sich etwas Merkwürdiges: Hans K. empfing mich mit den Worten:

»Mal was Besonderes heute Nacht. Beischlafdiebstahl durch unbekannt. Beischlafdiebstahl, sagt dir doch was, oder?«

Ja, das sagte mir etwas. Aber in diesem Fall war es sehr ungewöhnlich. Nicht Frau bestiehlt Mann nach oder während des Geschlechtsverkehrs, sondern Mann bestiehlt

Frau! Die Geschädigte war in der Diät-Küche im Klinikum tätig.

»Du musst unbedingt zu der Geschädigten gehen und ihre Angaben zur Anzeige, zum Tatgeschehen und vor allem zum Täter, Personenbeschreibung und so weiter ergänzen.«

So lautete mein Auftrag von Hans K. Er gab mir noch den Ratschlag, nicht zu erschrecken, wenn ich die Frau sehen würde. Damit konnte ich zunächst nichts anfangen.

Als ich mit der Frau zusammentraf, war ich nicht erschrocken, nur sehr überrascht. Mir stand eine Frau mit hübschem Gesicht gegenüber. Die Überraschung war ihre Größe. Sie war eine Kleinwüchsige. Ich verstand mich mit ihr sofort, und sie konnte mir tatsächlich sehr gute Hinweise für eine Täterermittlung geben. So kannte sie zwar weder den Namen noch die Wohnanschrift des Täters, aber sie erwähnte ein besonderes Merkmal: Auf dem linken Handrücken hatte der Täter eine farbige Tätowierung, ziemlich groß – einen Schmetterling! Weiterhin habe ihr der Täter erzählt, dass er in den nächsten Tagen hier in Buch arbeiten würde. – »Aber nur kurz.« – Diese Bemerkung veranlasste mich, sofort nach der Befragung der Geschädigten eine Spur aufzunehmen.

In Berlin-Buch gab es damals das sogenannte Kartoffellager. Das war eine Einrichtung, die, wenn man so will, ein Zentrallager für Obst, Gemüse, Kartoffeln und andere landwirtschaftliche Produkte war. Die LPGs aus Berlin, vor allem aber aus Brandenburg brachten ihre Produkte dorthin, die dann an die Gemüseläden der Stadt geliefert wurden. Für die Sortier- und Verladearbeiten in diesem Lager wurden sehr oft sogenannte Tageskräfte eingesetzt. Manche arbeiteten dort nur einen Tag und bekamen sofort den Lohn ausgezahlt. Diese Tätigkeit war natürlich für kürzlich aus der Haft entlassene Personen reizvoll. Das war auch mein Ermittlungsgrund das Kartoffellager sofort nach der Befragung der Geschädigten aufzusuchen. Außerdem, ich bin ehrlich, hatte mich die Tätowierung stutzig gemacht. Damals war es, heute kaum begreiflich, sehr unüblich, als »normaler Mann« tätowiert zu sein. Matrosen, bestimmte Waffengattungen der NVA, aber vor allem vorbestrafte Männer, Frauen kaum, hatten die verschiedensten, teilweise abenteuerlichen Tätowierungen am Körper.

Ich machte mich also zu Fuß sofort auf zum Kartoffellager. Im Lager suchte ich das Verwaltungsbüro auf, um eventuell Hinweise zum Täter zu bekommen. Als ich das Büro betrat, war dort eine verbale lautstarke Auseinandersetzung zwischen mehreren Männern. An den Grund des Streits kann ich mich nicht mehr erinnern, aber daran dann doch: Einer der Männer hatte sich über den Schreibtisch gebeugt und seine Arme aufgestützt. Von seinem linken Handrücken strahlte mich ein tätowierter Schmetterling an!

Ich wartete, bis sich der Streit gelegt hatte, und sprach dann den Mitarbeiter des Lagers an:

»Wer war dieser Mann mit der Tätowierung?«

»Der ist heute erst zur Arbeit gekommen. Den können Sie gleich mitnehmen!«

Meine Antwort:

»Ja, das werde ich auch tun.«

Ich ging zu den Umkleideräumen, wo ich ihn antraf. Er musterte mich, ihm war wohl klar, welchen Beruf ich ausübte, da ich typischerweise Anzug, Schlips und Mantel trug. Ich ließ mir seine Personalien geben. Wie erwartet hatte er nur einen Haftentlassungsschein. Ich erklärte ihm, dass er vorläufig festgenommen sei. Lakonisch nickte er mit dem Kopf und verließ mit mir die Umkleideräume. Mir war inzwischen klar, dass das unser Täter ist. Die gesamte Personenbeschreibung inklusive Bekleidung traf zu.

Draußen vor dem Lager blieb er am Straßenrand stehen. Ich fragte ihn:

»Was ist los, Sie wissen doch, wo sich das Revier befindet!« Er antwortete:

»Und wo ist das Auto?«

In dem Moment wurde mir erst wieder klar, was ich gelernt hatte: Festnahmen und Verhaftungen sind stets nur zu zweit durchführen! Funkgeräte, Handys oder andere Kommunikationsmöglichkeiten hatten wir nicht. Also forderte ich ihn auf:

»Gehen Sie fünf Meter vor mir bis zum Revier! Bei Fluchtversuch mache ich von der Schusswaffe Gebrauch!«

Davon war er offenbar sehr beeindruckt und ging los. Niemals hätte ich bei diesem Sachverhalt geschossen, war ich doch damals sehr sportlich und flink.

Wir mussten durch den gesamten Bucher Schlosspark bis zum Revier laufen. Dort angekommen, ließ ich ihn im Besucherraum Platz nehmen. Dann ging ich zu Hans K.

Er fragte mich sofort:

»Na, hast du noch ein paar Hinweise bekommen?«

»Ja, Hanne, ich habe den Täter gleich mitgebracht.«

Zunächst war er sprachlos, dann polterte er sofort los:

»Und wo ist der Täter jetzt?«

»Im Besucherzimmer«, antwortete ich wahrheitsgemäß.

»Was? Ohne Bewachung?«, schrie mich Hans K. entsetzt an: »Du Anfänger! Der wird längst über alle Berge sein!«

Beide stürzten wir förmlich zum Besucherraum. Dort saß friedlich mein Verdächtiger. Er war immer noch beeindruckt. Mann, war ich froh.

»Hanne« gab mir dann den Auftrag, den Verdächtigen zu vernehmen. Das Verhör verlief ohne Schwierigkeiten, der Verdächtige war geständig und wir forderten einen Funkwagen zur Überführung in den Gewahrsam der Inspektion Pankow. Der Haftentlassene musste einem Haftrichter vorgeführt werden, denn wer schon nach ein paar Tagen Haftentlassung wieder eine Straftat beging, hatte damals schlechte Karten in Freiheit zu bleiben.

»Hanne« erzählte mir später, dass er sehr stolz gewesen ist, wie ich im Handumdrehen diesen Fall gelöst hatte. Und das trotz dienstkundlichen Fehlverhaltens. Aber so war das damals. Lob und Kritik lagen dicht beieinander. Sofort eine heiße Spur zu verfolgen wie in dem Fall Kartoffellager prägte meine weitere Ermittlungstätigkeit bei der Fahndung nach unbekannten Tätern. Ganz gleich, ob es sich dabei um die Ermittlung von Kleinkriminellen oder gefährlichen Verbrechern handelte. Außerdem lehrte mich der Fall meine erhöhte Sensibilität und Aufmerksamkeit bei tätowierten Personen. Das half mir später oft, von der Ermittlungsarbeit bis hin zur Identifizierung unbekannter Toter.

Totschlag in den Morgenstunden einer lauen Sommernacht

Kriminaldauerdienst Inspektion Pankow. Ein Sonntag im Juli 1976, 4 Uhr. Es war in dieser Nacht ziemlich ruhig gewesen. Ich hatte seit 16 Uhr des Vortages insgesamt vier Sachverhalte zu bearbeiten. Zwei Diebstähle, eine Körperverletzung und die Festnahme eines zur Fahndung ausgeschriebenen Einbrechers, der sich unvorsichtigerweise in der Wohnung seiner Freundin aufhielt. Seit etwa 2 Uhr gab es keinen weiteren Kriminalitätsanfall im Stadtbezirk, und ich bereitete mich schon auf den Feierabend vor. 7.30 musste endlich die Ablösung erfolgen.

In diesem Sommer standen die Olympischen Spiele im kanadischen Montreal an, bei denen die DDR mit ganzen 90 Medaillen, davon 40 goldenen, den zweiten Platz im Medaillenspiegel erreichte, hinter der Sowjetunion, vor den Vereinigten Staaten von Amerika und zwei Plätze vor den Westdeutschen. Ein Triumph für den ostdeutschen Sport. Unter anderem hatten die DDR-Fußballer mit Siegen über Frankreich, die Sowjetunion und im Finale Polen Gold geholt. Und die Schwimmerin Kornelia Endert gewann insgesamt fünf Medaillen, davon viermal Gold. Später gab sie zu, gedopt gewesen zu sein.

Von dem Spektakel in Übersee war in der Inspektion Pankow wenig zu spüren. Doch gegen 4 Uhr meldete sich der Offizier des Hauses (OdH), bei dem alle Notrufe eingingen. Eine Funkwagenbesatzung hatte über Funk eine Schlägerei mit Verletzten in einer Wohnung in der Neuen Schönholzer Straße gemeldet. Kriminalpolizei wurde angefordert. Ich dachte: So ein Mist, das war es dann mit dem Feierabend, und fuhr mit dem Dienst-Pkw und dessen Fahrer zum Ereignisort.

Dieser befand sich in einem Altbau mit offenem Hofdurchgang. Vor dem Durchgang erwarteten mich bereits zwei Funkwagen und eine Frau. Der Kurzbericht der Funkwagenbesatzungen ergab, dass nach reichlichem Alkoholge-

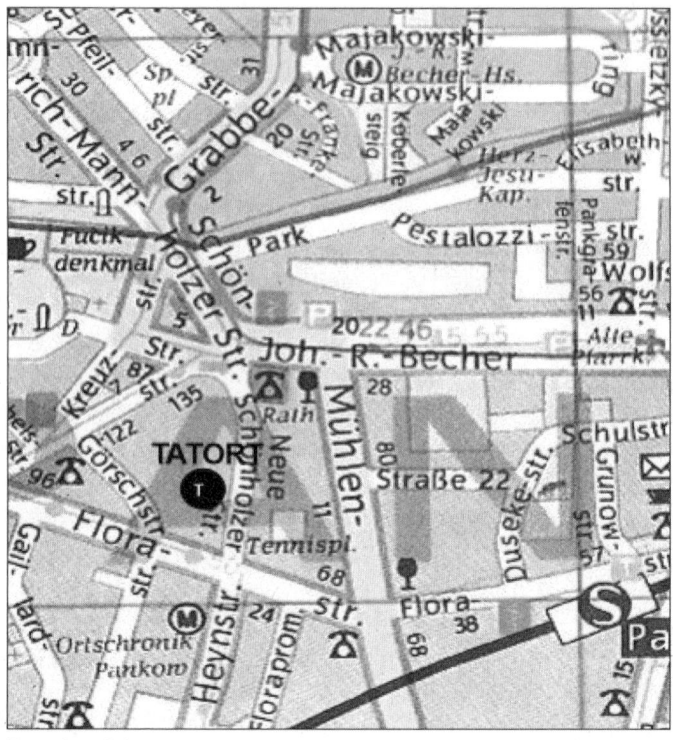

Tatortbereich

nuss eine bis dahin gemütliche Party aus dem Ruder gelaufen war. Acht Personen, männlich und weiblich, waren auf der Party anwesend. Es war zu Beleidigungen und körperlichen Auseinandersetzungen gekommen. Ein männlicher Partygast befand sich mit einer Kopfverletzung im Krankenhaus Pankow. Die anderen Partygänger befanden sich, bis auf die Frau, die am Durchgang stand, noch alle in der Wohnung im Hinterhaus.

Blick auf den Innenhof. Pfeil: Unmittelbarer Tatort

Die erwähnte Frau kam auf mich zu, entblößte ihre Brüste und wetterte:

»Hier sehen Sie, wie mich das Schwein verletzt hat.«

Sie zeigte auf eine eindeutige Bissspur an ihrer Brust. Na ja, spätestens jetzt wusste ich, dass es offenbar eine wilde Party gewesen war.

In der Wohnung sah es wüst aus, umgestürztes Mobiliar, zahlreiche Flaschen, teilweise zerbrochen, lagen in den Zimmern verteilt auf dem Fußboden. Ich begann mit der Befragung der Partyteilnehmer. Das war allerdings nicht ganz einfach. Denn sie standen alle erheblich unter Alkoholeinfluss. Mit anderen Worten: alle ganz schön besoffen. Ich konzentrierte mich auf die Personen, die einen ansprechbaren Eindruck machten.

In meinen Gedanken hatte ich dieses Ereignis schon als Schlägerei unter Bekannten eingeordnet, den Verletzten im Krankenhaus hatte ich fast vergessen, da bekam ich vom Funkwagen-Streifenführer die schockierende Nachricht: Die verletzte Person war im Krankenhaus verstorben.

Das veränderte schlagartig meine Handlungsweise. Jetzt hatte ich es eventuell mit einer schweren Straftat zu tun, etwa Körperverletzung mit Todesfolge oder Totschlag? Bei den Befragungen, bei denen mich die Schutzpolizisten der Funkwagen tatkräftig unterstützten, hatte sich ergeben, dass ein Gast den jetzt Verstorbenen mit einer Bierflasche mehrfach auf den Kopf geschlagen haben soll. Sofort sammelte ich, unter Beachtung der Spurensicherung, sämtliche Flaschen in der Wohnung, die mit dem Ereignis in Verbindung stehen könnten, ein. Dann verständigte ich über Funk den OdH der Inspektion Pankow und forderte den Einsatz eines Kriminaltechnikers des Bereitschaftsdiensts.

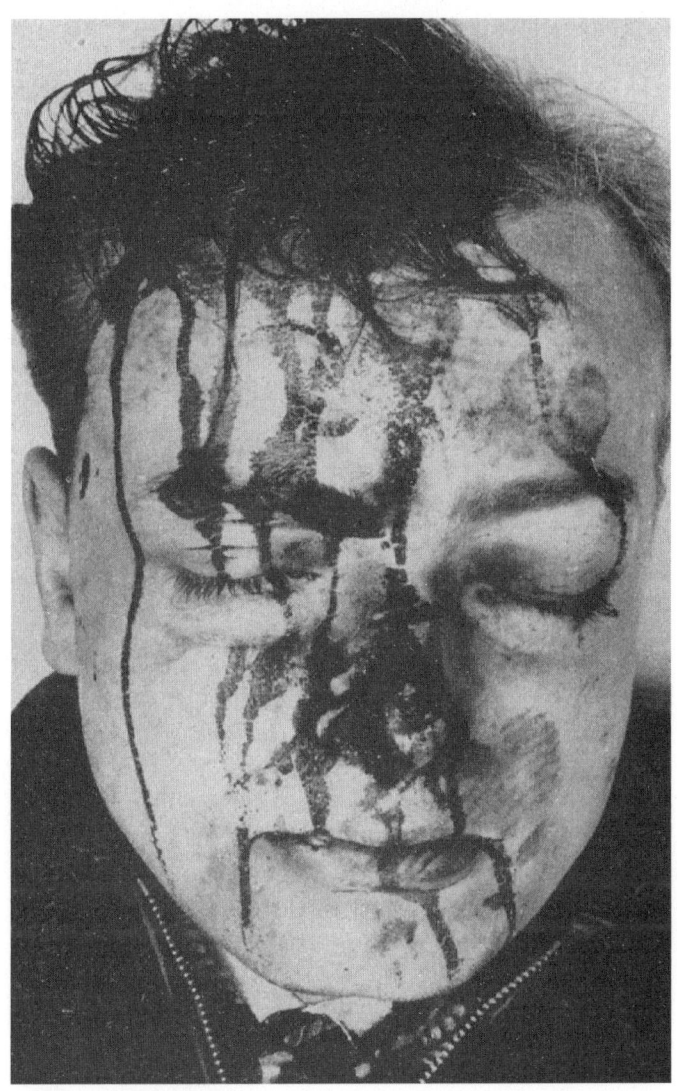

Tödlich verletzte Person

Der Partyteilnehmer Wolfgang N., 34 Jahre alt, wurde zur Inspektion gebracht. Er war die Person, die mit der Bierflasche mehrfach auf den Verstorbenen eingeschlagen haben soll. Nachdem N. erfahren hatte, dass sein Bekannter im Krankenhaus verstorben war, leugnete er zunächst, der Bierflaschen-Schläger gewesen zu sein. Das glaubte ich ihm nicht. Dass er ehrlich über die Folgen erschüttert war, das kaufte ich ihm dagegen ab.

Mein kriminalistischer Ehrgeiz, der Wahrheit im vorliegenden Fall so nahe wie möglich zu kommen, hatte mich gepackt. Also dachte ich nicht mehr an einen pünktlichen Feierabend und begann sofort mit der Beschuldigtenvernehmung. Wie abgesprochen erfuhr ich noch während der Vernehmung vom Kriminaltechniker erste Ergebnisse. Bei einer der sichergestellten Bierflaschen hatte der Techniker mehrere auswertbare daktyloskopische Spuren, sprich: Fingerabdrücke, sichern können. Es war sogar ein Griffakt erkennbar, also eine Abbildung, die die Schlussfolgerung zuließ, dass mit der Flasche zugeschlagen wurde. Außerdem befanden sich eindeutige Blutspuren an der Flasche. Aufgrund der Schwere des Falls musste nun das Polizeipräsidium am Alexanderplatz eingeschaltet werden. Es kam jetzt auf die Untersuchungsergebnisse der Sachverständigen in den Bereichen Daktyloskopie und Biologe an.

Ich wollte nun doch endlich Feierabend machen, und nachdem Wolfgang N. eingeräumt hatte, »vielleicht doch irgendwie mit einer Flasche zugeschlagen zu haben«, brachte ich den Verdächtigen in den Polizeigewahrsam der Inspektion Pankow und ging anschließend nach Hause, gespannt auf die Arbeit der Sachverständigen.

Ohne das durch die Daktyloskopie ermöglichte Fingerabdruckverfahren wären mir allein in meiner Laufbahn so manche Täter entwischt, weil es keine stichfesten Beweise gegen sie gegeben hätte. Zum Glück ist die Zeichnung, also

Suche nach daktyloskopischen Spuren (Fingerabdrücken)

Fingerabdruckspur

die Anordnung der Papillarleisten, die Menschen an ihren Handinnenflächen und übrigens auch auf der Unterseite der Füße aufweisen, individuell und damit ein sehr sicherer Hinweis auf eine bestimmte Person. Zusammen mit der Blutuntersuchung würde der Fingerabdruck in diesem Fall einen deutlichen Fingerzeig auf den Täter bedeuten.

Am Montag, bei Dienstbeginn, erkundigte ich mich sofort nach den Ergebnissen der Sachverständigen-Untersuchungen. Die Fingerabdrücke konnten zweifelsfrei Wolfgang N. und die Blutspuren an der Flasche dem Verstorbenen zugeordnet werden. Der Sachverhalt war aus kriminalistischer Sicht geklärt. Für meine umsichtige Tatortarbeit wurde ich gelobt. Na ja, wenn ich selbstkritisch darüber nachdenke … Beinahe hätte ich den Ereignisort vorzeitig verlassen und den Sachverhalt als Schlägerei unter alkoholisierten Bekannten eingestuft. Dann wäre sicherlich eine beweiskräftige Beurteilung des Sachverhalts schwierig gewesen. So leicht können Entscheidungen in der kriminalistischen Alltagsarbeit das Zünglein an der Waage in puncto Gerechtigkeit sein.

Glossar

ABV   Abschnittsbevollmächtigter;
                    ähnlich heutiger Kontakt-
                    bereichsbeamter

AG   Arbeitsgruppe der Kriminal-
                    polizei; innerhalb eines Kom-
                    missariats Struktureinheit
                    mit besonderen Aufgaben

Brennpunkt   damalige Bezeichnung für
                    vorsätzliche, in Serie durch
                    einen oder mehrere unbe-
                    kannte Täter begangene
                    gesellschaftsgefährliche
                    Straftaten, die in einem
                    durch objektive Kriterien
                    gekennzeichneten Zusam-
                    menhang stehen
                    (z. B. Spuren, Personenbe-
                    schreibungen, Begehungs-
                    weise)

BUK   Branduntersuchungs-
                    kommission

Daktyloskopische Spuren	Abbilder menschlicher Hautleisten – unbekleideter Handinnenflächen, Finger oder Fußsohlen –, die die anatomische Unterscheidung von Menschen ermöglichen
Eilfahndung Stufe I oder II	Fahndungsart der Volkspolizei nach bekannten oder unbekannten Tätern bzw. Gegenständen oder Fahrzeugen
EV	strafprozessrechtliches Ermittlungsverfahren
Freiwilliger Helfer (FH)	Freiwilliger Helfer der Volkspolizei, zumeist unter Anleitung von ABVs eingesetzt und angeleitet
HO	Handelsorganisation
K	gebräuchliche Abkürzung für Kriminalpolizei
Komm.	Abkürzung für Kommissariat; Struktureinheit der K
PdVP	Präsidium der Volkspolizei; höchste Polizeibehörde in Ostberlin
StGB	Strafgesetzbuch

StPO	Strafprozessordnung
Trassologische Spuren	u. a. Schuh- und Fußspuren; Werkzeugspuren; Spuren in Schlössern; Handschuhspuren; Fahrzeugspuren
UHA	Untersuchungshaftanstalt
VEB	Volkseigener Betrieb
VP-Inspektion	höchste Polizeibehörde in einem Ostberliner Stadtbezirk